샘

영성 수련을 위하여

ANTHONY DE MELLO, S.J.

WELLSPRINGS

A Book of Spiritual Exercises

Copyright © 1984 by Gujarat Sahitya Prakash, Anand, India

All rights reserved

Korean Translation Copyright © 1988 by Benedict Press, Waegwan, Korea

Korean translation rights arranged with

Gujarat Sahitya Prakash, Anand, India

샘

1988년 5월 초판

2004년 9월 신정판(6쇄)

2012년 4월 7쇄

옮긴이 · 편집부 ㅣ 펴낸이 · 이형우

ⓒ 분도출판사

등록 · 1962년 5월 7일 라15호

718-806 경북 칠곡군 왜관읍 왜관리 134의 1

왜관 본사 · 전화 054-970-2400 · 팩스 054-971-0179

서울 지사 · 전화 02-2266-3605 · 팩스 02-2271-3605

www.bundobook.co.kr

ISBN 89-419-0417-X 03200

값 8,000원

앤소니 드 멜로

영성 수련을 위하여

편집부 옮김

분도출판사

내가 매우 자랑스럽게 여기고
또 내가 거기 속하기에는
너무나 자격이 없다고 느끼는
예수회에 바칩니다.

예수 그리스도를 자주 얘기하며
저자 자신이 그분 제자임을 고백함에도
이 책은 모든 영성적인 사람들,
수도자 · 비수도자 · 불가지론자 · 무신론자
모두를 위한 책이다.

이 수련들은 어떤 힘을 지니고 있는데, 그냥 읽기만 해서는 그 힘을
체험하지 못할 것이다. 실지로 해 봐야 한다. 이 말은 각 수련의 거
의 모든 문장에 해당된다. 종종, 읽기만 할 때는 감명을 못 주는 평
범한 단어들을 모아 놓은 것처럼 보이나, 실지로 해 보면 놀랍게도
바로 이 말들이 깨달음에로 들어가는 문임이 드러나게 될 것이다.

이 수련을 그룹으로 실시할 때는, 지도자는 한 가지 수련 방법을 크
게 읽되 자주 간격을 두어야 한다. … 그러나 그룹의 각 성원은 지도
자와 보조를 맞출 필요 없이 자기 나름의 내적 보조를 유지해야 한
다. 다시 말하면, 지도자가 앞서며 읽더라도 자기는 뒤진 채로 그대
로 머물고 싶으면 그렇게 하라는 말이다. 즉, 어떤 말이 깊이 와 닿
으며 마음을 사로잡거든, 지도자가 읽는 내용을 전적으로 무시해도
좋다.

이 수련을 혼자서 실시할 때 가장 좋은 길은, 한 가지 수련 내용을 주의 깊게 읽은 다음, 책을 제쳐 놓고 그 내용 중 생각나는 것들에 대해서만 묵상하는 것이다. 혼자 묵상하면서 계속 책에 눈을 돌리다 보면 분심이 들게 된다. 각 수련에서 제시하는 내용을 처음부터 끝까지 다 묵상할 필요는 없다. 어느 한 부분만 선택해도 좋다. 더 이상 기도할 시간이 없거나, 또는 그 부분이 너무도 많은 결실을 맺게 하기에 다른 부분으로 옮겨 갈 마음이 없을 수도 있으니까.

같은 수련을 거듭해 보라고 권하고 싶은데, 반복하게 되면 종종 더 깊은 차원에 이르게 되거나, 처음 시도했을 때는 저항하며 단단하게만 여겨지던 그 수련의 겉껍질을 깨게 되기 때문이다.

이 수련을 홀로 하든 그룹으로 하든, 어떤 때는 글로 쓰는 것이 마음이 굼뜰 때 자극이 되거나 또는 마음이 흩어졌을 때 수련에 집중하게 하는 데 도움이 될 것이다. 하지만 쓰는 작업은 로켓 발사대처럼 일단 땅에서 떠나면 즉시 내버려야 함을 명심하라.

수련을 시작하기 전에 늘 어느 정도의 시간을 가지고서 다음의 자세를 지니도록 해야 한다: 이 수련을 하는 것은 나 자신만을 위해서가 아니라 나도 그의 일부인 삼라만상의 복리를 위해서이며, 어떤 변화를 체험하든 간에 그것은 세상의 이익에 기여하리라. 이런 자세를 의식적으로 받아들일 때 종종 얼마나 큰 차이가 날 수 있는지 보고서 놀라게 될 것이다.

이 책은 지성에서 감각에로, 생각에서 상상과 느낌에로, 그런 다음 바라건대 느낌과 상상과 감각을 통해서 침묵에로 이끌기 위한 책이다. 따라서 이 책을 옥상에 올라가기 위한 층계처럼 사용하라. 그러고 일단 옥상에 이르거든 그 층계를 떠나라. 안 그러면 하늘을 못 보게 될 것이다.

일단 침묵에 이르게 되면, 이 책은 적이 될 것이다. 팽개쳐 버려라.

1984년 3월 10일
앤소니 드 멜로

□ 차 례 □

13 실재

15 결론   18 휴가

20 모험   23 대림절

26 그릇   29 샘

32 교훈   34 비밀

37 중심   39 성서

43 낯선 이   45 절대자

49 방랑자   54 바다의 별

57 회복

59 혁명   62 어둠

66 깨달음   69 계시

72 위성   75 발견

78 핵심   80 사막

83 화산   86 동의

89 위임   92 모험

95 증거   97 왕

103 그리스도

105 만남   109 제의
112 주님   114 창조자
116 인식   118 응답
120 선구자   123 약속

127 생명

129 구원   134 노출
138 하늘나라   142 거지
145 발견   148 깨어남
152 신기루   154 강
157 본질   159 기쁜 소식
162 구출   167 심포니
173 특사   176 코미디
179 주기   183 원정
185 무아경

191 사랑

193 지성소   195 원천
197 고별   200 교육
204 물길   206 해돋이
208 축성   211 강복
214 경축   218 순례자
222 재결합

227 침묵

229 보물   230 융해
232 애무   233 대양
235 손님   237 승복
239 빛   241 불꽃
243 여명   245 창문
248 비전   250 거울
251 파수꾼   254 돌아옴
256 도착   258 자아
261 해방

265 묘목

실 재

결론

오늘 나는 죽게 되어 있다고 상상한다.

나는 홀로 있을 시간을 청하고 친구들에게 일종의 유언을 쓴다. 다음의 항목들은 그 유언의 소제목들이 될 수 있겠다.

01. 나는 살면서 이런 것들을 사랑했다:
    내가 맛본 것 …
    본 것 …
    냄새 맡은 것 …
    들은 것 …
    만져 본 것 …

02. 나는 이런 체험들을 소중히 여긴다 …

03. 이런 사상들이 나를 자유롭게 해 주었다 …

04. 나는 자라면서 이런 신앙들을 저버렸다 …

05. 나는 이런 확신들을 가지고 살았다 …

06. 나는 이런 것들을 위해서 살았다 …

07. 나는 삶의 학교에서 이런 통찰들을 얻었다:
　　하느님에 대한,
　　세상에 대한,
　　인간성에 대한,
　　예수 그리스도에 대한,
　　사랑에 대한,
　　종교에 대한,
　　기도에 대한 …

08. 나는 이런 모험들을 했다 …
　　나는 이런 위험들을 겪었다 …

09. 이런 고통들이 나를 단련시켰다 …

10. 삶은 나에게 이런 교훈들을 가르쳐 주었다 …

11. 이런 영향으로 내 삶이 형성되었다(사람들, 직업들, 책들, 사건들 …) …

12. 이런 성경 구절들이 나의 발길을 비추어 주었다 …

13. 나는 내 생애의 이런 일들을 후회한다 …

14. 나는 내 생애에 이런 일들을 이룩했다 …

15. 나는 이 사람들을 가슴속에 고이 간직하고 있다 …

16. 이런 것들이 내가 이루지 못한 욕망들이다 …

이 기록의 끝맺음으로서 하나를 선택한다:

시(내가 또는 다른 사람이 쓴);

또는 기도문;

그림;

또는 잡지에서 본 사진들;

성경 구절;

또는 어떤 것이든 내 유언의 적절한 결론이 될 수 있다고 판단되는 것 하나.

휴가

한적한 곳에 들어앉아 있다고 상상한다 —
나 자신에게 고독의 선물을 주기 위해서, 고독한 시간이야말로 만사
를 있는 그대로 보는 시간이기에.

고독이 없기 때문에 부당하게 돋보이게 되는 삶의 작은 일들은 무엇
인가? …

내가 너무 적은 시간을 할애하고 있는 정녕 큰 일들은 무엇인가? …

고독한 시간은 결단을 내리는 때다. 내 생의 이 시점에서 나는 어떤
결단을 할 필요가 있나? …
또는 재고할 필요가 있는 결단은 무엇인가? …

이제 나는 오늘이 어떤 하루가 되게 할 것인지 결정한다.

행하는 하루가 되려나?
오늘 내가 정말로 하고 싶은 일들을 나열해 본다 …

또는 **존재하는** 하루가 되려나?

18..샘

― 무엇인가를 이루기 위해 노력하지 않고, 일을 끝내기 위해, 모으거나 소유하기 위해 노력하지 않고 그냥 존재하는! 멍하니 누워 있는 기술, 시간을 창의적으로 "허비하는" 기술을 배우지 않는다면 내 생은 아무 열매도 맺지 못할 것이다.

그러기에 나는 노는 데에 어떤 시간을 할애할 것인지를 결정한다 … 목적 없고 비생산적인 관심사에 … 침묵에 … 친교에 … 휴식에 …

그리고 스스로에게 묻는다 ―
오늘 무엇을 맛볼 것인지 … 무엇을 만져 보고 … 냄새 맡고 … 듣고 … 볼 것인지 …

모험

나는 지금 예수께서 베드로를 처음 만나 그를 바위라고 부르시는 그 현장에 있다고 상상한다(요한 1,40-42).

나는 지금 예수께서 베드로와 안드레아와 야고보와 요한에게 사람 낚는 어부로 삼겠다고 말씀하시는 그 호숫가에 서 있다(마태 4,18-22).

나는 지금 세관에 들어서면서 예수께서 마태오를 부르시는 소리를 듣고 그분 말씀의 효과를 목격한다(마태 9,9).

나는 지금 천사가 마리아에게 그녀의 운명에 대해서 말하는 그 현장에 있다(루가 1,26-38).

나는 지금 부활하신 주님께서 마리아에게 사명을 맡겨 보내시는 것을 바라본다(요한 20,11-18).

바울로가 다마스커스로 가는 길에 주님의 목소리가 그를 부르시는 그때, 나는 바울로와 동행하고 있다(사도 9,22-26).
    이 사건들이 일어나는 장면을
    과거에가 아니라 지금 본다.

그냥 바라보기만 하는 것이 아니라
나도 한데 끼어 말하고 행동한다 …

나는 내 나름의 성경을 쓰기 위해 나 자신의 소명에 관한 이야기를
쓴다. 성경의 모든 구절처럼 각 단어에, 각 문장에 뜻이 담겨 있다 …

나는 베드로가 처형되기 전의 감방을 방문한다. 그는 예수께서 그를
부르시던 날을 돌이켜 본다.
— 그 이래로 보고 배우고 느낀 것들을 …
— 예수께서 그를 만나지 않으셨더라면 자신이 했었을 그런 일, 그
  런 삶을 …
— 오늘의 현실과 어제의 망상과의 대조를 …

나도 베드로처럼 예수께서 부르시던 그날을 돌이켜 본다 …
그러자 베드로는 자신의 느낌을 말해 준다 —
내일 반드시 죽게 되리라는 생각에 대해서 …

그 부르심은 아직도 살아 있다. 날마다 그 부르심은 내가 미처 몰랐
던 그 무엇에로 나를 이끈다. 어제 나는 무엇에로 부르심 받았던가?

호숫가에서 베드로를 부르시고, 무덤 앞에서 마리아를 부르시던 그 목소리가 지금 나에게 말씀하시는 것을 듣는다.
"오너라 … 내가 너를 보내겠다" …
이 말씀들이 내 마음속에서 거듭거듭 들리는 것 같다 …

그 목소리가 나를 무엇에로 부르시는지 나는 알지 못한다. 그러나 그 목소리를 알아차린다. 그리고 그 목소리에 대해 나의 응답을 드린다 …

대림절

구세주의 오심을 위해 준비된 것 못지않게 내가 이 세상에 오게 하
기 위해서도 역사의 사건들이 조정되었다.
때가 무르익고 나서야 …
장소가 꼭 알맞고 나서야 …
환경이 마련되고 나서야 …
내가 태어날 수 있었다.

하느님께서 당신 아들의 부모를 선택하시고 그들에게 태어나게 될
그 아이를 위해 그들에게 필요한 인품을 부여하셨다. 나는 하느님께
나의 부모가 되도록 선택하신 그 남녀에 대해서 말씀드린다 …
그리고 마침내 나는 깨닫는다 —
내가 하느님께서 원하신 바로 그 사람이 되려면 나의 부모가 바로
그런 사람들이어야 했음을.

예수 아기는 다른 모든 아기처럼 이 세상에 메시지를 주러 오신다.
나는 무슨 메시지를 주러 왔나? …
나는 주님께 이 메시지를 세상에 표현할 수 있도록 인도해 주십사고
청한다 —

한 마디 말로 …
또는 이미지로 …

예수께서는 일정한 길을 걸으시기 위해, 일정한 운명을 실현하시기
위해 이 세상에 오셨다. 그분을 위해 "기록된" 것들을 의식적으로
이루셨다. 나는 나 자신의 삶에서 "기록된" 것들을 그리고 이제까지
이룩된 것들을 … 되돌아보며 경탄한다. 그리고 그 기록의 각 부분
에 대해서, 그것이 아무리 작은 일일지라도 나는 "감사합니다" 하고
말씀드린다 …
그것을 감사하는 마음으로 거룩하게 만들고자.

나는 다가올 모든 것에 대해 … 기대를 가지고 바라보고 복종하며
그리스도처럼 말씀드린다 —
"네, 그 일이 이루어지게 하소서" …

끝으로 그리스도께서 태어나셨을 때 천사들이 부르던 노래를 생각
해 본다. 그들은 하느님께 영광을 드리는 평화와 기쁨의 노래를 불
렀다.

나는 내가 태어났을 때 천사들이 불렀던 노래를 들어본 적이 있나?
나는 이 세상을 더 나은 곳으로 만들기 위해 나를 통해서 이루어진
일들을 보며 기뻐한다 … 그리고 내가 태어난 것을 축하하여 저 천
사들이 부른 그 노래를 나도 함께 부른다.

그릇

나는 하느님께 특별한 종류의 육체를 청하고 바로 지금 내가 지니고 있는 이 몸을 받는다.
이 몸에 대해서 어떤 생각과 느낌이 드나?

스스로의 몸을 미워하거나 자기 몸에 대해 중립적 태도를 지녔던 성인들의 이야기를 우리는 종종 듣는다.
나의 태도는 어떤가? …
그런 태도를 어디서 얻게 되었나? …

내 일생을 위해 그린 청사진을 볼 때 내 몸은 도움이 되나 아니면 방해가 되나? …

내 몸이 말을 할 수 있다면 그 청사진에 대해 뭐라고 할까? …

나와 내 몸의 관계는 좋게든 나쁘게든 내 삶에 강한 영향을 미친다.
그 관계를 치유 또는 심화하는 가장 좋은 길은 대화다:

내 몸은 나에 대한 원한을 … 두려움을 … 솔직하게 표현해야 한다.

나도 마찬가지로 솔직해야 한다 …

우리는 이런 대화를 우리가 서로 화해하고 이해하고 더욱 사랑하게 될 때까지 계속한다 …

그런 다음 서로에 대한 기대를 분명하게 말해야 한다 …

이 대화를 끝내기 전에 나는 내 몸에게 지혜로운 말을 한마디 해 달라고 부탁한다 …

성서에는 내 몸의 영성이 밝혀져 있다. 성서는 내 몸이 하느님의 성전이라고, 성령께서 머무시는 곳이라고 말한다.
무슨 뜻일까? …

더 나아가서 우리의 몸은 우리 것이 아니라 그리스도의 것이라고 한다. 그래서 그분은 나를 두고 "이것은 내 몸이다"라고 말씀하실 수 있다고 한다. 이 말씀들은 또 무슨 뜻일까? …

나 자신의 하루 동안 행동들을(먹고, 씻고, 놀고, 자고 …)

훑어본다 —
내 몸이 하느님의 집이란 것을 의식하면서 …

또는 내 몸을 보살핀다 —
나의 사랑하는 분의 몸으로 여기며 …

끝으로 하느님께 내 몸에 대해 말씀드린다 …
그리고 그분께서 내게 말씀하시는 것을 듣는다 …

샘

내 육체처럼 내 영혼이 끊임없이 필요로 하는 회복과 영양과 치유의
원천을 찾는다:

고독과 **침묵** 속에서 나는 다시 온전하게 되었다 —
나의 자아를 되돌려 받았다.

그래서 이제 말과 생각을 잠잠하게 하고자 한다 —
내 주위의 소리들을 …
또는 내 몸의 감각들을 …
또는 내 호흡을 … 의식함으로써.

나는 사랑에 의해 힘을 얻는다.

그래서 나는 내가 사랑받는다고, 보살핌을 받고 소중히 여겨진다고
느꼈던 시간들을 되찾아 다시금 산다 …

그리고 나 자신이 사랑을 베푸는 것을 본다 —
친구들에게 …
도움이 필요한 이들에게 …

그리고 모든 살아 있는 존재에게 …

나는 **창의성**을 발휘할 때 생기를 띤다.

내 삶에서는 어떻게 이 창의성이 표현되고 있는가? …

나는 자연 속에 내 뿌리를 내릴 때 평화와 **치유**를 얻는다.

내가 땅과 하늘과 조화를 이루었을 때 어떤 일들이 일어나는지를 상
기한다 —
산과 강과 바다와 …
자연의 여러 가지 분위기와 …
자연의 계절들과 … 일치되었을 때를.

나는 **기도** 안에서 모든 것을 찾는다 —
내게 향기이고 음식이고 집이고 안식처이고 청량음료인 모든 것을.

나는 내 기도의 계절들을 상기한다:
절망 속에서 울던 순간들을 …

기쁘게 감사드리던 날들을 …
정적의 시간들을 …
그분 앞에 머물러 있던 …
흠숭을 드리던 때를 …

그리고 기도나 노래나 시를 하나 읊는다 —
내가 사랑하게 된,
평생 내 곁에 내내 두고 싶은,
그리고 죽을 때에 내 입술이 읊기를 바라는 …

교훈

예수께서 말씀하신다:

"하늘나라는 어떤 사람이 밭에 뿌린 겨자씨에 비길 수 있다. 겨자씨
는 모든 씨앗 중에서 가장 작은 것이지만 싹이 트고 자라나면 어느
푸성귀보다도 커져서 공중의 새들이 날아와 그 가지에 깃들일 만큼
큰 나무가 된다"

내 손안에 이 작디작은 씨앗을 쥔다 … 그러고는 이 씨앗이 무럭무
럭 자라나서 큰 나무가 된 것을 본다 —
새들이 집을 지을 만큼 튼튼히 자란 모습을 …

상상 속에서 씨앗과 나무를 번갈아 바라본다 …

그러고는 그 씨앗의 각 성장 과정을 관찰한다 …

드디어 완전히 자란 그 나무 앞에 앉아서 나는 나무에게 이야기를
한다. 나무와 내가 이야기를 나눈다:

작음이라는 주제에 대해 …

낙심에 대해 …

우리네 삶의 모험들에 대해 …

변화와 그것이 포함하는 모든 것에 대해 …

풍부한 열매에 대해 …

봉사에 대해 …

그러고는 끝으로 **우리 삶 속에 활동하시는 하느님의 능력**에 대해 …

이 묵상을 예수님의 발치에 앉아 끝낸다:
겨자씨가 가르쳐 준 것에 대해 말씀드리고 …
예수께서도 가르쳐 주십사고 청한다 …

비밀

나는 행복의 원천을 찾아나선다:

어느 가난하면서도 행복한 사람의 생활을 면밀히 관찰한다 …
그러고는 무엇이 이 사람을 행복하게 만드는지 알아내기 위해 그와
이야기를 나눈다 …

건강이 나빠도 기쁘게 사는 사람을 생각한다 —
신체적으로 고통을 겪고 있는 한 여인을 …
그리고 무엇이 그녀를 기쁘게 하는지를 찾으며 역시 대화를 한다 …

명성을 잃은 어떤 행복한 사람과도 같은 식의 만남을 가진다 …

어느 감옥에 들어간다 …
여기서조차 행복한 사람을 발견하고는 놀란다 …
자기를 행복하게 하는 것이 무엇인지 그도 내게 말해 준다 …

그리고 나서 불행한 사람들을 관찰한다 —
자유인이면서 …
부자이면서 …

권력이 있으면서 …
존경받는 사람이면서 … 불행한 이들을.

나는 그들과 대화한다 ―
그리고 그들이 내게 이야기할 때 그들의 불평을 주의 깊게 듣는다 …

어제 나는 행복스럽게 여길 기회들이 있었으나 그런 것을 의식조차
못했었다. 나는 지금 그런 경우들을 본다 …

누구든 감사하는 마음을 지니면서 불행할 수 있다는 것은 상상할 수
가 없다. 나는 어제의 사건 하나하나에 대해 주님께 감사드린다 …
그리고 이럼으로써 내게 효력이 나타나는 것을 주시한다 …

그리고 내가 불쾌하다고, 탐탁지 않다고 부르는 일들을 생각한다 ―
이런 일들을 통해서 생기게 되는 좋은 점들을 찾는다 … 그들이 지
니고 있는 성장의 씨앗을 … 그리고 그런 일들을 위해서도 감사드려
야 할 이유를 찾는다 …

끝으로 나는 내가 오늘 하루의 일들을 하나씩 돌이켜 보면서 감사드
리고 —
그리고 행복해하는 것을 본다 …

중심

어느 적막한 장소로 들어간다고 상상한다 …
주위를 돌아보느라고 잠시 시간을 보내다가 …
이윽고 자리 잡고 앉아 내 삶을 관조한다:

나는 힘과 평화와 의미를 찾노라고 얼마나 자주 나 자신 밖으로 뛰
쳐나가 ─ 사람들, 직업, 장소, 물건에게로 달려 나가 ─ 모든 것의
원천은 여기 내 마음 속에 있다는 사실을 잊고 있는가. 내가 찾아야
할 것은 바로 여기에 있다:

각 사람은 자기 안에 생각들이 있고 이 생각들은 그에게 즉시 평화
를 줄 힘이 있다. 나는 나의 생각들을 찾는다 …

또한 내가 삶의 도전들을 꿋꿋하고 용기 있게 대면하도록 도와주는
그런 생각들을 찾는다 …

나를 따뜻하고 온유하게 만드는 생각들은? …
내 마음속의 미움과 분노를 쫓아내는 것은? …

내 삶의 의미를 부여하는 생각들은? …

만족감을 느끼게 하는 것은? …
기쁨을 주는 것은? …
봉사하게끔 밀어주는 것은? …

적막한 장소를 떠나기 전에 내 안에 또 다른 원천이 존재함을 상기
한다 —
생각의 도움이 필요 없이 내게 필요한 모든 것을 다 주는 그 원천을.

나는 거기에 이르기 위해 간접적 시도로 내 마음속에 있는 동굴을
상상한다. 거기에는 빛이 충만하다 … 들어서자 그 빛이 내 몸에 쇄
도한다 … 나는 그 광선이 창조하고 … 힘을 주고 … 따뜻하게 하고
… 치유하는 것을 느낄 수 있다 …

그래서 나는 동굴 안에 앉아 조용히 경배를 한다 …
그 빛이 모든 털구멍으로 스며든다 …

성서

호흡을 의식하기 시작한다 ⋯ 또는 몸의 감각들을 ⋯ 이렇게 하면 고요해지기에 ⋯
— 그리고 하느님의 계시하시는 말씀은 오직 침묵 속에서만 알아들을 수 있기에.

주위의 모든 자연을 바라본다:
나무들, 새들, 동물들, 하늘과 어머니 땅을 ⋯
자연의 변화하는 분위기를 생각해 본다:
아침의 상쾌함 ⋯
낮의 열기 ⋯
석양 ⋯
한밤중 ⋯
특히 자연의 끊임없는 움직임을 본다:
일 년 동안 꾸준히 바뀌는 계절들 ⋯ 생사 존망生死存亡 ⋯
그 아름다움과 그 폭력 ⋯

그리고 묻는다:
"자연을 통해 제게 무슨 말씀을 하십니까, 주님? 오늘 제가 자연을 바라볼 때 무슨 메시지를 보내십니까?" ⋯

나는 주님의 대답을 기다린다 …
그 대답은 한 마디, 한 문장, 또는 어떤 이미지로 주어질 것이다 …
또는 모든 말을 초월해서 내 마음을 가르치는 어떤 침묵으로 …

　　그 말씀이 들려오지 않으면
　　나무한테 말해 달라고 부탁한다.
　　또는 새나 별이나 강에게
　　— 때마침 바라보게 된 자연 중 그 무엇에게나 …

인류 역사를 바라본다 —
석기 시대부터 현재의 우리 시대에 이르기까지 기억나는 일들은 아무것이나 …
나라와 문화의 흥망성쇠 …
전쟁과 평화 …
선인들과 악인들 …

역사의 사건들을 바라보면서 침묵 속에서 나에게 말씀하시는 그분의 말씀을 또 기다린다 …

내가 더불어 살고 있는 사람들 각자를 통해서 하느님께서 내 삶 속
으로 들어오신다 …
그분은 그들을 통해서 무얼 하고 계시나? …
무슨 말씀을 하시나? …

그것을 섣불리 말로 표현하려고 서두르지 않고 대답이 "주어질" 때
까지 기다린다 —
말로 하시든 침묵으로 하시든 …

삶의 사건들을 같은 식으로 돌이켜 본다:
기쁜 일들, 고통스런 일들, 놀라운 일들 또는 일상적인 사건들을 …

그 수가 너무나도 엄청나다. 그러니 그저 어제 일어난 일들을 선택
해서 그것만 볼 수도 있겠다 …
또는 오늘 있었던 일들을 …
내가 잠이 깬 순간부터
— 또 자고 있는 동안에도 —
하느님께서는 쉴 새 없이 활동하시고 계시하셨기에 …

그러기에 내 눈이 보게 되고 내 마음이 이해하게 되기를 바라며 찾
아본다 …

　　또는 그 사건 자체가 나에게 말해 달라고
　　그리고 알아듣게 도와 달라고 …

끝내기 전에 기도를 드린다 ―
주께서 빛을 주시어 오늘 주께서 쓰시는 그 성서를
― 내 삶과 내 주위에서 일어나는 모든 일 하나하나를 ―
늘 알아듣게 해 주십사고 …

낯선 이

메시아가 오셨을 때 그분의 백성들은 그분을 알아보지 못했다. 그분은 여전히 가까이 계시다. 내가 그분을 마지막으로 뵌 것이 언제였던가?

내가 사랑을 베풀었던 순간들을 …
그리고 사랑받았던 순간들을 생각해 본다 …
바로 그때 하느님께서 다시 한 번 강생하셨던 것이다.

지식이 나를 해방시키고 자유롭게 할 때마다 …
하느님의 말씀이 다시금 계시되고 있었다.

내 마음이 억압과 불의를 보고 타오를 때마다 …
나의 감추어진 속마음이 갑자기 밝혀지며
나의 방어기재들이 노출될 때마다 …
예언자의 불타는 눈초리가 우리의 죄를 발가벗겨 놓았다.

내가 체험한 모든 내적 치유 때에 …
그리스도께서 손을 내밀어 나를 만지셨다.

내가 좌절과 암흑과 고통을 느낄 때 …
그분께서 수난을 겪으며 몸부림치셨다.

내가 어떤 연설을 듣다가 또는 책을 읽다가 또는 영화를 보다가 영감을 받았을 때 …
스승께서 나를 제자로 부르셨다.

그리고 내가 침묵 중에 기도하고 있을 때 …
저 지존의 사제께서 하느님과 나를 일치시키지 않으셨던가?

나는 최근의 일들을 돌이켜 보며 이처럼 은총이 충만했던 순간들을 알아본다 …
그리고 그분께서 오늘도 다시 오십사고 청한다 …

그런 다음 하느님께서 나를 "메시아"로 기름을 발라 주신다고 상상한다 …
그리고 내가 이 역할을 수행하는 것을 본다 —
오늘 일어나게 될 매 사건 속에서 …

절대자

하느님께서 말씀하신다:
"네 마음을 나에게 달라"
그리고 어리둥절해진 나에게 다시 말씀하신다:
"네 마음은 네 보물이 있는 데 있다"

내 보물들이 여기에 있다:
사람들 …
장소들 …
직업들 …
물건들 …
과거의 체험들 …
미래의 희망과 꿈들 …

나는 보물을 하나씩 집어 들고 그 보물에게 무슨 말인가를 하고는
그것을 주님 앞에 내놓는다 …

이 보물들을 어떻게 주님께 "드려야" 할까?

내 마음이 과거의 보물들에 있고 보면 나는 화석처럼 굳어 죽은 인간인 셈이다 —

삶이란 오로지 현재에 있는 법이기에. 그래서 나는 그 과거 보물 하나하나에게, 그 황금빛 어제들에게 작별 인사를 한다 —

그것이 내 삶에 들어온 것에 감사하지만 이제는 나가 주어야겠다고, 그러지 않으면 내 마음은 결코 현재를 사랑하는 걸 배우지 못할 거라고 …

내 마음은 또한 미래에도 있다. 내일이 어떻게 될지 걱정하는 두려움 속에 오늘을 충만히 살 힘이 조금밖에 안 남아 있다. 나는 이런 두려움들을 나열해 보며 …

그 하나하나에게 말한다:

"하느님의 뜻이 이루어지기를" …

그리고 이것이 내게 미치는 영향을 주시하면서 …

마음속으로부터 나는 알고 있다 —

하느님은 내 행복만을 원하실 수 있음을 …

내 마음은 내 꿈과 이상과 희망들 속에 있다 …

그것들은 내가 미래의 허구 속에 살게 만든다.

이들 하나하나에게 나는 말한다:
"하느님의 뜻이 이루어지기를,
그분께서 합당하다고 여기시는 대로 너를 처분하시기를" ···

미래와 과거에 사로잡힌 내 마음의 몫을 손본 후, 이제 나는 현재의
내 보물들을 조사한다.

사랑하는 사람 하나하나에게 부드럽게 말한다:
"당신은 내게 퍽 소중한 분이지만, 당신이 나의 삶은 아닙니다. 나
는 내가 살아야 할 삶이, 만나야 할 운명이 있습니다 — 당신하고는
따로" ···

내가 애착하는 장소들 ··· 물건들 ··· 에게 말한다:
"너는 내게 소중하지만, 네가 내 삶은 아니다. 내 삶과 운명은 너와
따로 있다"

내 존재 자체를 이루고 있는 듯한 것들에게도 이와 같은 말을 한다 —
내 건강에게 ···
내 이데올로기들에게 ···

나의 좋은 이름, 명성에게 …
그리고 언젠가는 죽음에 굴복해야 하는 나의 생명에게까지 그 말을
한다:
"너는 바람직하고 소중하지만 그러나 네가 내 삶은 아니다. 나의 삶
과 운명은 너와 따로 있다"

드디어 나는 주님 앞에 홀로 선다. 그리고 그분께 나의 마음을 드리
며 말한다:
"주님, 당신이 저의 삶이십니다. 당신이 저의 운명이십니다"

방랑자

예수께서 말씀하신다:
"하느님 나라를 보려면 다시 태어나야 한다"
이 말씀을 더 잘 알아들으려고 나는 두 세계를 연구한다.

나는 어두운 태아의 세계를 관상한다 …
그런 다음 사랑하는 어떤 사람의 삶을 지켜본다 …

나는 인간 고통의 아픔을 본다 …
그러고는 자궁 속의 안온함을 본다 …
  곰곰이 생각하지 않고 그저 보기만 한다.
  이 대조적인 장면들 자체가
  내 마음에 무언가를 가르쳐 주는 것이다.

나는 태아가 알 수 없는 세계를 본다 —
석양의 황홀함 …
밤의 부드러움 …
태양의 장엄함을 …

그러고 나서 내 마음은 떠돌아다닌다 —

기쁨의 장면들 …

고통 …

두려움 …

평화 …

죽음 …

폭력의 장면들도 …

— 자궁 속의 정적과 매번 대조하면서 …

그러자 내 안에서 질문이 떠오른다:

선택이 주어진다면 나는 무엇을 택할 것인가 —

삶의 기복? 아니면 자궁 속의 안일함?

내 대답은 말해 줄 것이다 —

다시 태어나기 위해 내가 치를 대가가 있는지.

처음 태어날 때도 그랬듯이 다시 태어나기 위해서도 나는 아무것도 할 수 없다. 그러나 내가 두 가지는 할 수 있다:

첫째, 내게 필요한 자양을 섭취할 수 있다:

꼴을 갖추기 전에 태어난 아기는 죽는 법이다. 기쁨과 사랑과 아름

다움을 가져다주는 그런

사물들 …

장소들 …

직업들 …

사람들과 …

나는 계속 접촉하고 있어야 한다.

나는 지금 이 샘들에서 물을 듬뿍 마신다 —

고마워하며, 죄의식을 느끼지 않으며 …

둘째, 나는 방심하지 않고 나의 자유와 자율성을 보존할 수 있다:

나는 이 샘들을 간수할 줄 알아야 한다. 거기서 마시되 빠져 들지 말

고, 그것을 즐기되 소유하지 말며, 자양분을 찾되 뿌리를 내리지 말

아야 한다. 다시 태어날 때가 오면 움직일 수 있도록 항상 준비하고

있어야 하는 것이다.

이제 나는 나의 두려움을 정면으로 대한다 —

나의 자유를 죽이고 나를 매달리게 만드는 것이 바로 그 두려움이

기에.

나는 인간 동료들에게 매달린다 —

홀로 있게 되는 것이 두려워서 …
나는 인기에 매달리고 다른 사람이 화나게 만들기를 두려워한다 …
나는 친구들과 가족에게 매달린다 ―
배척당하는 걸 두려워하기에 …
권위에 매달린다 ―
내 발로 서게 되는 걸 두려워하기에 …
전통적 신앙의 안전함에 매달리고 그것을 도전하는 걸 무서워한다 …
끝으로 나는 낯익은 것과 친숙한 것과 옛것에 매달린다 ―
새로 태어나 낯선 세계 속으로 움직이는 것이 두려워서.

나는 오늘 사랑을 어떻게 마실 것인지 생각한다 …
그리고 기쁨을 …
평화를 …
즐거움을 …

그리고 어떻게 자율성과 자유를 추구할 것인지 생각한다:
용기 있게 뛰어들 모험들 …
환영해야 할 불편함들 …
부딪치게 될 도전들을 …

— 또 다른 더 넓은 세상에로 다시 태어나게 될 그날을 내다보며 하나의 먼 준비로서.

바다의 별

가나의 혼인을 묵상하며 잔치에 동참한다 …
마리아도 거기 오셨음을 본다 …
마리아의 기쁨을 …
자상하신 그 마음을 …
예수께 미치는 듯한 그 영향을 …(요한 2,1-11)

마음속으로 루르드에 가서 그 열렬한 분위기를 들이켠다 …

기적의 샘에 모인 군중 속에 끼어든다 …
발현하신 동굴에 …
병자 축복 예절에 …
촛불 행렬에 …

거기서 만난 사람들의 마음을 들여다본다 ―
그들의 마음가짐을 …
기대를 …
구세주의 어머니에 대한 자세를 …

그러고는 만일 내가 저들처럼 독실한 신자가 되고 순례자가 된다면 나는 다음에 무엇을 할 것인가를 결정한다 …

상상 속에서 나는 여행을 한다 —
사람들이 마리아의 기도를 청하기 위해서 가는 모든 성전과 순례지로 …
그리고 생각해 본다 —
마리아는 주님의 제자들에게 무엇을 의미하고 상징하기 위해 오셨는가를 …

그런 다음 내 마음의 성전에서 예배하기 위해 내 안으로 깊숙이 들어간다 …
나는 이 거룩한 곳 중앙에 맨발로 경건하게 서 있다 …
그리고 거기 마리아께 바치는 제대를 지을 것인지 결정한다.

제대를 만들기로 작정했으면, 자문한다 —
마리아께서 내 삶에서 어떤 역할을 하시게 할 것인가 …
어떤 분야를 그분의 보호 아래 맡길 것인가 …
어떤 형태로 그분을 예배할 것인가 …

내가 그분을 위해 지은 이 제대 위에 새길 말을 찾아본다 …

또는 무수한 사람들의 입이 고백해 온 이 말들을 택한다:
"자비의 어머니, 나의 생명, 나의 달콤함, 나의 희망이시여"

회 복

혁명

"회개하고 기쁜 소식을 믿으라!"
이것이 예수께서 공생활을 시작하면서 행하신 설교들의 주제였다.
나는 이 유망한 젊은 예언자가 도시와 마을에서 그 기쁜 소식을 선
포하실 때 그분과 함께 여행한다 …
그리고 그분의 말씀과 행동이 낳는 열광과 적의를 느낀다 …

그분께서 설교하실 때 나는 거기에 있다 …
그분의 말씀이 낳는 듯한 반응을 목격한다 —
듣는 이들의 가슴속에 …
그리고 나 자신의 마음속에 …

그분이 말씀을 마치시자 군중 가운데 한 사람이 회개란 무엇인지 묻
는다 …
또 다른 사람이 기쁜 소식의 뜻을 묻는다 …
나는 그분의 대답을 귀담아듣는다 …

하루는 내가 예수님하고만 둘이서 정오에 어느 나무 밑에 앉아 있는
데 … 또는 밤에 어느 친구 집에 있는데 …
그분이 나더러 기쁜 소식을 서너 문장으로 요약해 보라고 하신다.

이 문장들은 두려움에 종지부를 찍고 기쁨을 가져오는 소식을 지녀야 한다 — 너무나 놀랄 만큼 "좋은" 소식이어서 그걸 "믿도록" 도전을 느끼게 하는 …

그러고 나서 계속 예수님하고 거기 앉아 있다가 나는 회개라는 말에 대해서 이야기한다 —
혁명, 마음과 지성의 전적인 변화에 대해서 …

나는 예수께서 내 위에 손을 얹으시고 이러한 변화가 일어나게 해 주신다고 상상한다 …

그런 다음 거기서 나와 앞에 놓인 하루 속으로 들어간다 —
마음과 지성이 변화되어 …
이 일로 인해 내 행동과 …
내 느낌에 …
차이가 생기게 된 것을 목격하면서.

나는 기도할 때 그 차이를 느낀다 …
또는 죽음을 생각할 때 …

또는 잡지를 읽을 때 …
또는 하늘과 구름과 나무들을 바라볼 때에 …

어둠

나는 내가 제법 점잖고, 마음이 좋고, 존경을 받고 있으며, 죄도 실수도 적은 편이라고 스스로 생각한다. 그러다가 가장 큰 죄인이란 모르고 죄짓는 사람이라는 것을 깨닫게 된다.

무력한 어린이들에게 "사랑"이 입히는 선의의 피해를 본다 …

열렬히 종교적인 사람들 안에서 잔인성의 흔적을 본다 …

공정한 바리사이들이 예수께 불리한 증거를 채택하고, 그분을 없애버리는 것이 자기들의 의무라고 여기는 것을 본다 …

대제관들과 바리사이들의 고질병 때문에 나도 고통 받게 될지 모른다고 생각하니 겁난다 …

그들은 스스로에 대해서 퍽 자신이 있었고 스스로가 옳다고 매우 확신하고 있었으며 다른 견해와 변화에 굳게 마음을 닫았다 …
내가 아는 그런 종류의 사람들을 생각해 본다 …
그리고 또 나를 …

바리사이들은 판결을 내리는 소질이 있었다. 그들에게 사람들이란 선인 아니면 악인이었다. 그들의 편견이 일단 나쁘다고 규정한 사람 안에는 어떤 좋은 점도 없는 법이었다 …

나는 그와 비슷한 사람들을 생각해 본다 …

그리고 나를 …

내가 아는 "나쁜" 사람들을 꼽아 보고, 그들이 마음속은 나보다 훨씬 나은 것이 아닐까 생각해 본다 …

바리사이들은 지배층에 속하는 사람들이었다. 그들은 동요를 두려워했다 …

나 자신을 생각해 본다 …

바리사이들은 권력을 사랑했다. 그들은 너 자신을 위해 착해지라고 강요했다 …

그들은 사람을 자유롭게 내버려 둘 수가 없었다 …

다시 나 자신을 생각해 본다 …

끝으로 바리사이들은 타협했다. 그들은 눈앞의 피고가 무죄임을 알지라도 동료들에게 맞서서 자기 생각을 말할 수 있는 거룩한 용기가 부족했다 …
나는 공박하고 반대하기를 두려워하며 남의 마음에 들고 싶어 하는
나 자신을 생각하며 후회한다.

나는 구세주를 죽인 그 사람들보다 그다지 나을 것이 없다. 내가 할
수 있는 말은 오직 이것뿐이다:
"주님, 저는 죄인입니다. 저를 불쌍히 여기소서" …

그분께서 부드럽게 대답하시는 말씀이 들린다.
"애야, 너는 내게 더없이 소중한 존재다"
이게 도대체 무슨 말씀이실까? …

그분께서 내 안에서 보시는 것을 찾아내기 위해 나는 그분의 눈을
사용한다 —
내가 죄가 많은 것을 아시면서도 "너는 내게 더없이 소중한 존재다"
라고 하시는 …

바로 그런 눈으로 나는 "죄인들"을 바라본다 —
우리 시대의 히틀러들과 스탈린들을 …

내가 싫어하고 거부하는 사람들을 바라본다 …

아마도 나는 자비심에 이르기 위해, 내 안에 있는 바리사이로부터
구제되기 위해 그분의 그러한 눈이 필요할 것이다.

깨달음

내가 내 안의 싫은 면을 바꾸려고 그것과 싸운다면 나는 그것을 땅
속으로 밀어 넣을 뿐이다. 내가 그것을 받아들인다면 그것은 표면으
로 떠올라 증발해 버릴 것이다. 내가 저항하는 것은 완강히 존속하
는 법이다.

예수님의 본보기를 생각해 본다.
산을 움직이는 과업을 스스로 착수하시고 분통이 터지게 하는 적들
과 싸우시는 그분은 화를 내면서도 사랑하신다 —
변화에의 열망을 있는 그대로의 현실 수용과 결부시키신다 …

나는 그분처럼 되고자 노력한다. 우선 내가 싫어하는 느낌들을 가지
고 시작한다 …
그 하나하나에게 사랑하고 받아들이는 식으로 이야기한다 …

그리고 그 하나하나의 할 말을 듣는다 …
그것이 나에게 해가 되기도 하지만 도움이 될 수도 있다는 것을 알
게 될 때까지 …
그것이 있는 것은 이제 내가 보고자 하는 어떤 자비로운 목적 때문
이라는 것을 알게 될 때까지 …

나는 대화를 계속한다 — 이런 느낌들을 진정 받아들인다고 느낄 때까지, 시인하거나 체념하지 않고 받아들일 때까지 …

그리하여 나의 우울에 우울해하지 않고, 나의 화에 화내지 않고, 나의 낙심 때문에 낙심하지 않고, 나의 두려움 때문에 두려워하지 않고, 또는 나의 거부감들을 거부하지 않고 …

그것들과 더불어 평화롭게 살 수 있다 —

하느님께서 그것들을 내게 도움이 되게 사용하실 수 있음을 내가 보아 왔기에 …

내 삶에서 내가 바꾸고 싶어 하는 많은 다른 면들에 대해서도 똑같이 해 본다:

내 신체의 무력함 …

나의 개인적 결함들 …

내 삶의 외적 상황들 …

과거의 사건들 …

내가 같이 살고 있는 사람들 …

있는 그대로의 온 세상 …

노령, 병, 죽음 …

나는 그들에게 사랑을 가지고 말한다 —
그들이 아무튼 하느님의 계획에 일치함을 의식하면서 …

그렇게 하는 가운데 나는 변화된다:
나에 관한 모든 것이 그대로인데도 —
세상, 가족, 내 느낌들, 내 몸, 내 신경증이 그대로인데도 나는 이미
전과 같지 않다. 나는 이제 더 사랑하고 있고 탐탁지 않은 것을 더
받아들이고 있으며 한층 평화스럽기도 하다 —
폭력이 나를 지속적인 변화에로 인도할 수 없으며 오직 사랑과 이해
만이 그렇게 할 수 있음을 나는 알게 되었기에.

계시

내가 그리스도 앞에 있다고 상상한다 …
그리고 침묵 속에서 그분의 현존에 나 자신을 드러내 놓는다 …
그 현존이 나를 치유하고 …
창조하고 …
격려하기에 …

이제 나는 그분께 청한다 — 내 안에서 찾으실 수 있는 모든 결함을
가능한 한 완전히 열거해 주십사고:
나의 이기적인 면을 드러내는 모든 징후를 …
내가 아직도 자라야 하는 모든 분야 …
내 안에서 바꾸어야 할 모든 점들을 …
　　그리고 그분께서 말씀하실 때
　　그것을 머릿 속으로 받아 적는다
　　— 도움이 된다고 판단되면 실제로도.

그런 다음, 그분 생각에 이 결점들 중에서 가장 시급한 주의를 요하
는 것이 어느 것인지 여쭈어 본다.
　　잠시 나 자신이 멍하니 있게 내버려 두고
　　그분께서 말씀하신다고 상상한다 …

그리고 내가 전혀 예기치 않았던 것을
그분이 말씀하실지도 모른다는 사실에
마음을 열고 있도록 조심한다 …

눈길을 안으로 돌리고 내가 과연 이 결점을 바꾸고자 하는 뜻이 있
는지를 살펴본다 …
그런 뜻이 없다면, 이러한 뜻의 결핍이야말로 내가 제일 먼저 바꾸
어야 될 일로 받아들인다.

이제 모든 변화에 있어서 갖추어야 할 가장 필수적인 요소에서부터
시작한다:
일을 시작하기 전에 무엇보다도 중요한 것은 그리스도께서 나에게
하시는 이 말씀부터 듣는 것이다:
"너에 대한 내 사랑에 관한 한 네가 변화되든 안 되든 그건 아무 상
관 없다 ― 너에 대한 나의 사랑은 무조건적이니까" …

이제 그리스도의 권능이 내 안으로 밀려드는 것을 본다 …
그리고 나는 상상한다 ―
전에는 두려워하던 거기서 이제는 힘을 느낀다고 …

전에는 긴장했던 거기에서 이제는 편안하다고 …

전에는 안으로 움츠러들고는 하던 거기에서 이제는 밖으로 향해 나아간다고 …

내가 하루를 (또는 이 새 힘이 필요한 어떤 상황을) 그리스도로부터 받은 이 힘을 지니고서 헤쳐 나가는 것을 본다.

끝으로 그분의 사랑 어린 현존 안에서 쉰다 —
감사히 경배하면서 …

위성

자연을 바라보며 그 안의 힘에 대해 생각해 본다. 조용하고 눈에 보이지 않기 때문에 인류가 최근까지도 알아차리지 못했던 그 막강한 힘에 의해 세계가 움직이고 있다:
바로 중력의 힘이다.
그 힘 때문에 새가 하늘을 날고, 산이 그대로 서 있고, 나뭇잎이 땅으로 떨어지고, 유성들이 제 궤도를 지키는 것이다 …
하느님의 권능과 현존을 상징하는 것으로 이보다 더 좋은 예는 없다.

고통의 장면들이 번개처럼 스쳐 간다 —
고문실 …
포로수용소 …
기근의 참상 …
전쟁터 …
병원 …
사고 현장 …
그리고 나는 거기 중력처럼 보이지 않게 계시는 그분을 본다 …

내 생애를 통해 있었던 수많은 고통스러운 장면들을 떠올려 본다 —
권태와 좌절의 순간들 …

고통, 걱정, 배척당한 순간들 …
무의미하고 절망적인 순간들 …
그리고 그 모든 장면 속에서 그분의 조용한 현존을 느낀다 …

그분의 힘이 중력처럼 세상 구석구석마다 스며들어 있는 것을 본다:
우주의 어느 지점도 …
시간의 어느 순간도 …
그 힘에서 달아날 수 없다.

그분의 사랑이 중력 같음을 본다. 나는 바울로의 외침을 듣는다:
그 어떤 것도 하느님의 사랑에서 우리를 떼어 놓을 수 없다는(로마
8,31–39) …

나는 감격해서 돌이켜 생각해 본다 ―
그분의 사랑과 싸웠던 때들을 …
― 헛일이었지, 사랑은 막을 수 없으니까!

나는 하느님께서 내 마음을 잡아당기시길 결코 멈추신 적이 없다는
것을 안다 …

그 인력은 중력처럼 느낄 수가 없었다. 그러나 그 힘이 없을 리 없었던 복된 순간들을 지금 기쁜 마음으로 상상해 본다 …
내가 그 힘을 마지막으로 느낀 것이 언제였나? …
어제가 아닌가? 왜 아닌가?

내 몸이 중력에 굴복하듯이 하느님의 이 힘에 굴복하도록 자신을 놓아 버리며 이 묵상을 마친다 …

발견

예수께서 말씀하신다:

"하늘나라는 밭에 묻혀 있는 보물에 비길 수 있습니다. 그 보물을 찾아낸 사람은 그것을 다시 묻어 두고 기뻐하며 돌아가서 있는 것을 다 팔아 그 밭을 삽니다"

내게는 한 보물이 있다:

내가 삶에서 가장 가치 있게 여기는 것이다. 나는 그것을 발견하도록 이끌어 준 사건들을 되살려 본다 …

이 보물을 발견한 그때부터 지금까지 내 삶의 역사를 생각해 본다 …
그것이 내게 이루어 준 일들을 …
그리고 내게 지니는 의미를 …

나는 이 보물 앞에 서서 말한다(그 보물이 하느님 또는 예수 그리스도, 또는 어떤 확신, 가치, 이상, 또는 어떤 사람, 임무, 사명, 그 무엇이든):
"내가 지닌 모든 것 중에서 당신은 가장 소중한 것입니다"
그리고 그 문장을 말할 때 내게 어떤 일이 일어나는지 본다 …

나는 이 보물을 간직하려고 얼마나 기쁘게 일할는지 생각한다 …

또는 바칠 것인지(어쩌면 생명 자체까지도) …
그것이 그 정도로 내게 중요하지 않다면, 나는 이 사실을 슬프게 인정한다 —
그리고 언젠가는 그만한 보물을 찾게 되어 그때는 기쁨에 넘쳐 모든 것을 포기할 수 있기를 바란다 …

내가 보물이다. 언젠가, 어디선가, 누군가가 나를 발견했다. 누군가가 나의 가치를 발견하지 않았던들 나는 내 가치를 의식하지 못했을 것이다. 나는 내 가치가 발견되었던 일들을 상세하게 상기하고 있음을 다시금 알아본다.

나는 여러 가지 면을 지닌 보물이다. 내 안에는 많은 면들이 숨겨져 있고 각기 다른 사람들이 그것들을 끌어내어 나에게 보여 주었다. 나는 이 면들 하나하나를 기쁘게 돌이켜 보고 …
그것들을 보여 준 사람들을 고마운 마음으로 기억한다.

끝으로 주님 앞에 서서 놀랍게도 그분께서 나를 보물로 여기시는 것을 발견한다 …
나는 그분의 눈에 비친 나의 사랑스런 면들을, 그분만이 내 안에서 보실 수 있는 그 많은 사랑스런 면들을 본다 …
그리고 그분께서 베푸시는 그 사랑 안에서 쉰다 …

핵심

성체를 조배하러 밤에 성당에 들어가고 있다고 상상한다 …
빛이라고는 제대 위에 있는 촛불뿐 …
어둠 속에서 선명하고 하얗게 드러나는 성체에 눈길을 멈춘다 …

성체께서 자석과도 같이 나의 눈과 존재를 중심이신 그분께로 끌어
당겨 모으신다 …
나는 대부분의 삶을 외면에 집중하며 살았다. 그러나 이제는 사물의
핵심 자체를, 내 존재와 세상의 중심을 응시하고 있다 …

성체를 바라보노라니 고요가 드리워 온다 …
모든 생각들이 잠잠해지며 사라진다 …
그 성체의 고요가 몸속에 스며들고 거기서부터 온 성당에로 퍼져 나
가는 것 같다 …
그리하여 내 안의, 그리고 주위의 모든 것이 고요하다 …

그러다가 성체가 빛을 내보내기 시작하고, 그 빛이 내 안으로 스며
든다 …
나는 감사한 마음으로 숙연해진다 ―
이 빛줄기가 내 마음을, 내 양심을 가득 채우며 나의 온갖 이기심과

심술과 탐욕과 두려움을 깨끗이 씻어 줄 것이기에 …

성당의 어둠이 어지럽혀지지 않는 가운데 내 가슴속의 어둠이 달아
나 버리고 나의 모든 것이 투명하게 되어 있다 …

이제 그 빛줄기는 거룩한 에너지를 싣고 와서 내 몸속에 스며 들어오
고 나의 영혼을 튼튼하게 만들어 삶의 도전들을 대면하게 해 준다 …

그리고 이 에너지와 더불어 어떤 불길이 내 몸 전체에 번진다 … 미
움과 쓰라림과 원한으로 가득 찬 내 마음을 순화시키고 내게 사랑할
수 있는 힘을 주기 위해서 …

그래서 나는 갈망하는 마음으로 생명을 불어넣어 주는 이 태양 앞에
마음을 드러내 놓는다 —
어둡고 고요한 성당 중앙에서 빛나고 있는 이 태양 앞에 …

사막

예수께서 돌아가시기 전날 밤에 고난을 겪으시는 것을 바라본다 …

그분께 아주 가까이 다가서서 인간적 도움을 청하시는 그분을 지켜
본다 …
그러나 아무도 그분께 손을 미칠 수 없다 —
그분은 돌아가시기 전에 온전히 혼자이시다 …

그 모습을 바라보면서 나는 깨닫는다 —
저분은 과감히 홀로이기를 추구하심으로써만 결국 하느님과 운명과
그리고 그분 자신과 화해하시게 되리라는 것을 …

혼자 있게 된다는 것의 의미를 나 스스로도 맛보고자 한다:

나는 어떤 사막에서 살고 있다 — 책도 없고 … 할 일도 없고 … 인
간의 소리라고는 들을 수가 없다 …
— 온종일 … 한 주 내내 … 몇 달 씩이나 … 내가 나 자신의 힘에만
의존하도록 던져졌을 때 어떤 반응을 보이는지 본다 … 나 자신을
바라보는 것에서 도망치기 위해 내가 주로 사용하는 것들을 —
일과 동료들을 완전히 빼앗겼을 때 …

그런 다음 독방에 투옥된 나 자신을 본다 —
방음 처리된 벽, 좁은 방, 온종일 희미한 전깃불 …
사람 얼굴이라고는 그림자도 없고 …
또는 생물이라고는 볼 수조차 없는 …
해나 하늘도 안 보이는 …
사람 소리나 자연의 소리도 기척조차 없이 …
몇 주일 … 몇 달을 계속해서 …
그 상태가 언제 끝날지도 모르는 채 …

드디어 … 나는 혼수상태에 빠진다 —
사람들의 말소리를 들을 수 있고 그들의 손길을 느낄 수 있지만 …
그러나 그들에게 손을 미칠 수가 없다 …

이제 나의 생활로 되돌아온다 —
나의 걱정들과 일에로 …
나의 위로들과 집착들에로 …
인간 세상에로 …
그러나 홀로 있음의 혹독함을 체험하고부터 나는 그전의 내가 아님
을 깨닫는다 …

종종 내 마음은 고난을 겪으시는 예수께로 되돌아가서 …
그분께서 하느님과 운명과 씨름하시는 것을 지켜본다 …
그리고 그 광경에서 생각 속에서는 결코 얻을 수 없는 지혜를 터득
한다. 그래서 거기서 서성거리며 바라본다 …

화산

스승, 작가, 친구, 주위 환경이 내게 평화, 꿋꿋함 또는 삶의 의미를 주길 나는 기대하고 있다. 그러나 이러한 외적 작인作因들이 내적인 심오한 자원들의 대용품이 될 수는 없다.

나는 이러한 내적 자원들을 찾는다: 내가 내 존재의 가장 깊은 차원에로 여행을 한다고 상상한다 …
안에는 모든 것이 깜깜하기만 하다 …
신비가들이 말하는 그런 내적 빛이라고는 흔적도 없다! …
바로 그 중심에 이르렀을 때 나는 치솟는 불길을 본다 —
거룩한 불의 상징을, 대개는 전혀 의식하지 못하는 그 불길을.

이 불길의 치솟음에는 어떤 리듬이 있다 …
나는 그 리듬에 맞춰 들리는 어떤 만트라(「베다」에서 뽑아 만든 짧은 기도문 또는 노래)를 듣는다 —
예수님의 이름, "나의 하느님, 나의 모든 것", "압바, 아버지", "오소서 성령이여" 또는 그 무엇이든 간에 …
나는 만트라가 들리는 듯 느껴질 때까지 그 리듬에 귀 기울인다 …
　만일 전에 내적 여행에서 어떤 만트라를 들었으면
　다시 한 번 듣는다고 상상해도 좋고, 또는

이번에는 어떤 다른 단어나 문장을 들을 수도 있겠다 …

일단 그 만트라를 들었으면 그 노래를 가슴속에서 부른다 …
그때마다 어떤 깊고 신비스런 평화가 내 존재의 중심에서부터 솟아
나와서 내 전부를 감쌀 때까지 번져 나간다 …

그 평화가 내 배 속으로 내 머리와 목으로 팔과 다리로 …
그리고 내 몸의 모든 지체로 번져 나간다 …
이제 그 거룩한 단어를 말할 때마다 내 안의 그 평화가 점점 더 깊어
진다 …
마치 내가 그 단어를 읊어 나갈 때마다 내 존재를 하느님의 손안으
로 이끌어 쉬게 하는 것 같다 …

이제 그 만트라를 읊을 때마다 어떤 고요한 힘이 나를 사로잡는다 …
어떤 힘이 온몸에 번져 나가고 … 더불어 어떤 신뢰감이, 내게 — 힘
을 — 주시는 — 그분 — 안에서 — 나는 — 무엇이든 — 할 — 수 —
있다는 그런 신뢰감이 솟구친다 …

그리고 모든 근심 걱정들이 사라지기 시작한다 …

나는 전에 내가 매우 소심하고 겁이 나서 회피하곤 하던 상황들을
바라본다 …
— 그리고 그 만트라가 나를 자신 있고 강하게 만들고 있음을 본다 …

이 수련을 마치면서 나는 다시 한 번 내 존재의 중심부로 내려간다 —
그 내면의 불길에서부터 솟아나는 그 따스함을 찾고자 …
그리고 나의 만트라가 주는 그 거룩한 힘 안에서 쉬고자 …

동의

예수께서 최후 만찬을 드신 방을 떠나면서 하신 말씀을 생각해 본다:
"그리하여 내가 아버지를 사랑한다는 것을 세상이 알게 되기를 바랍니다. 일어나 갑시다"
아버지를 사랑한다는 것은 — 예수께는 매 순간 아버지의 뜻에 승복하는 것을 의미했다.

그분께서 수난 중에 이처럼 승복하시는 것을 본다. 그분은 어떤 죽음을 당할지 예감하신 듯하다. 그분께서 죽음을 며칠 앞두고 홀로 앉아서 앞으로 당하실 그 고통을 …
그리고 예견하신 그 사건 하나하나를 음미하시는 것을 본다. 그리고 그분 말씀을 듣는다: "그대로 이루어지이다"

인류의 수난을 묵상한다 —
절망이 새겨진 수없이 많은 얼굴들을 …
외로움이 …
공포가 얼룩진 …

그리고 고통으로 몸부림치는 육신들을 —
사고로 …

병원에서 …

포로수용소에서 …

고문실에서 …

그리고 그 모든 장면에서 그리스도께서 아버지께 하시는 말씀을 듣는다: "그대로 이루어지이다" …

이러한 처참한 고통의 장면을 보면서 나 자신의 저항감을 발견할 때마다, 예수께서 고통 중에 반항하시던 것을 상기한다. 그리고 온 힘으로 그 고통들을 없애 보려고 애쓰면서도 나도 그분처럼 말하는 것을 배운다: "그대로 이루어지이다"

끝으로 나 자신의 삶을 바라본다 —

그 속의 무의미한 모든 것들을 …

사치스러운 …

좌절하게 만드는 모든 것들을 …

내가 겪었던 모든 고통들을 …

그것이 나로 인한 것이든 또는 다른 사람 때문이든 또는 삶 자체 때문이든 …

그리고 각 장면이 마음속에 떠오를 때마다 나는 말한다:
"그대로 이루어지이다"

광막하고 불확실한 미래를 들여다본다 …
나의 수난을 …
나의 죽음을 …
그리고 나를 위해 마련되어 있는 모든 것에게 나는 말한다:
"그대로 이루어지이다"

위임

예수께서 제자들을 보내시는 장면을 상기한다 —
하느님 나라를 선포하고 병을 고치고 악령을 쫓아내라고 …(루가
10,1-12)

그분께서 파견할 사람들의 이름을 부르실 때 …
나도 그 자리에 있다.
내 이름을 부르실 때 나는 어떻게 느끼나? …
그리고 낯선 데로 옮겨 갈 것을 생각할 때? …

내 사명을 수행하러 가기 위해서 나는 어떤 준비를 해야 하나? …

파견되기에 앞서 각 사람은 주님과 개인 면담을 가지게 된다. 그분
의 사랑 어린 눈길을 뵈었을 때 나는 그만 어이없게도 나도 한번 세
상을 변화시키기 위해서 일하고픈 마음이 드는 것을 느낀다 —
슬프게도 내 마음 자체도 변화가 필요한 처지에!

내 마음속에 갈등들이 있는데 어떻게 다른 이들한테 평화를 가져다
줄까? 내 참모습과 내 겉모습 사이의 갈등 …
그리고 그중 가장 깊은 갈등은:

내가 하고 싶어 하고, 되고 싶어 하고, 그리고 내 일생 중 일어났던
그 일들과 —
하느님께서 원하시는 것 사이의 갈등이다 …

과연 내가 사로잡힌 이들을 자유롭게 해 줄까?
내 마음은 지나친 집착과 …
미래에 대한 걱정과 …
과거에 대한 죄의식에 사로잡혀 있으면서 …

나는 용서를 가르치려 하고 있다 —
나 자신은 씁쓸해하고 원망스러워하면서 …

다른 이들에게 진리에 대한 열정을 불어넣으려 한다 —
나 자신은 그렇듯 방어적이고 …
내 관점을 고집스럽게 주장하고 내 마음을 열기를 거부하면서 …

내가 다른 이들에게 무슨 용기를 줄까? 사소한 일에서도 그렇게 겁
을 먹으면서 …
상처 줄세라 청을 거절하기를, 동의하지 않기를 그리 두려워하고 …

불쾌함과 반대에는 질색이면서 …

나는 연민을 가르치러 나가고 있다 —
그런데 나는 신이 나서 남을 비난하곤 한다 …
나는 주님의 그 온유한 마음이 부족하다 —
그분께서 무지와 약함을 보시는 거기서 나는 고의적인 악의를 보는
것이다 …

나는 사명에 착수하기 전에 주님의 축복을 받고자 열광적으로 그분
앞에 나아왔다. 그러나 지금 나는 용기를 잃고 있다. 나 자신이 대변
혁을 체험해 본 적이 없으면서 어떻게 대변혁을 일으킬 수 있단 말
인가?

나는 그분께 말씀드린다:
"저를 보내지 마십시오. 저는 자격이 없습니다"

이 말을 듣고 그분께서 뭐라고 말씀하시나? …

모험

바울로 사도의 말을 상기한다:
"예수 그리스도의 이 마음이 여러분의 마음이 되게 하십시오"

주님께 그분의 마음을 나에게 주십사고 청한다 …
그분께서 내 돌심장을 꺼내 가시는 것을 본다 …
그 자리에 그분의 살심장을 넣으시는 것을 …

나 아닌 다른 사람의 마음을 지니고 내 세계로 되돌아오는 낯선 감정을 느낀다:

내면에서 기도하려는 충동을 느낀다. 내가 보통 기도하는 곳으로 서둘러 가며 나의 새 마음이 예사롭지 않은 일을 하는 것을 느낀다 …

나는 어떤 바쁜 거리를 걷는다. 평소의 군중이 도처에 있는데 오늘은 놀랍게도 색다르게 그들을 바라본다 …
그들의 모습이 내가 익숙해 있던 생각과 느낌과는 전혀 다른 것들을 일깨워 준다 …

집으로 돌아간다. 걸으면서 나무와 새를 바라본다 —

구름과 동물과 모든 자연을 …
그러나 전혀 다른 안목으로 …

집에서, 직장에서, 내가 싫어하는 사람들을 바라본다. 그리고 나 자신이 다르게 행동하는 것을 본다 …
내가 전에는 덤덤하게 느끼던 사람들을 대할 때도 같은 일들이 생긴다. 그리고 놀랍게도 내가 사랑하는 이들한테도 다르게 대하는 것을 깨닫는다 …
이 새 마음을 지니게 되자 전에는 회피하던 상황들 속에서도 강해진 자신을 느낀다 …

때로는 내 마음이 부드럽게 녹는다 …
또 어떤 때는 분개해서 타오른다 …

나의 새 마음은 나를 자주적이 되게 한다:
나는 계속 많은 것에 애착하지만 매달리는 일은 없게 된다 ―
기꺼이, 그들이 가도록 내버려 둔다 …
이 작업을 즐거운 마음으로 시도해 본다 ―
한 애착에서 다른 애착으로 옮겨 가면서 …

그러다가 깜짝 놀라게도 새 마음이 나를 곤경에 처하는 상황으로 몰고 간다 …
편하게 살려는 욕망을 버리게 하는 그런 일에 나 자신이 말려드는 것을 발견한다 …
나는 툴툴거리는 말들을 한다 …

드디어 나는 주님 앞에 나아가서 그분의 마음을 돌려 드린다. 그리스도의 그 마음을 지녀 보는 것은 흥미진진한 일이었다. 그러나 나는 아직 그 마음을 지닐 준비가 안 되어 있다는 것을 안다. 아직은 나 자신을 조금 보호할 필요가 있다 …

그러나 비록 내가 나의 보잘것없는 마음을 되돌려 받는다 해도 나는 다른 사람이 되리라는 것을 안다 —
비록 잠시나마 우리 주 예수 그리스도의 마음이었던 이 심장을, 이 마음을 내 안에 지닌다는 것이 무엇을 의미하는지 느껴 보았기에.

증거

나는 아주 깜깜한 방 안에 있다 …
예수 그리스도께서 내 앞에 나타나신다 …
그분의 모습이 서서히 밝아 온다 …
그러더니 사방에 빛을 비추어 모든 것을 아름답게 변화시키신다 …

나 자신을 그 변화시키시는 현존 앞에 드러내자 나 스스로가 변화되
는 것을 본다 …
잠시 동안, 나는 눈부시게 빛나게 된 내 몸의 부분들을 관조한다 …

그 현존께서 한 벽을 가리키신다 —
거기서 나는 어떤 환영을 본다:
내 생의 각 단계에서 나를 통해 이루어진 그리고 내가 행한 좋은 일
들을 보게 된다 …

환영이 바뀌고 이번에는 내가 성장한 영역들을 보게 된다 —
겁이 사라졌고 …
나쁜 감정들을 극복했고 …
"불가능들"이 가능해졌고 …

환히 빛나는 그 스크린에서 나는 나의 일생 동안의 사랑스러운 점들을 단계별로 보게 된다 —
유아기 …
소년기 …
사춘기 …

그리고 나의 존재가 무엇을 의미하는지 상징들을 통해서 이해하게 된다 …
스크린 위에 계속 바뀌면서 보이는 그 상징들을 기쁨과 경이에 차서 바라본다 …
그 상징들이 적어도 십여 가지는 된다 …

마지막으로 내 앞에 놓인 그날의 아름다움과 의미를 보게 된다 …

이제 그 스크린이 사라진다 …
그리고 나는 주님의 현존을 의식하게 된다 …
그러더니 그분마저 사라지고 이제 나는 어둠 속에 온전히 홀로 있다. 내 마음은 이제 생기를 띠게 되었다. —
이제까지 보여 주신 것들을 보고서 …

왕

예수께서 돌아가신 지 몇 분 후에 나는 갈바리 언덕에 서 있다. 군중들을 의식하지 않은 채 마치 나 홀로 있는 듯이, 십자가 위의 저 생명이 없는 몸에서 눈을 떼지 않고 있다 …
그 몸을 바라보면서 마음속에 떠오르는 생각과 느낌들을 주시한다 …

십자가에 못 박히신 저분이 모든 것을 빼앗기신 분임을 본다:

위엄을 빼앗기신 분 —
친구들과 적들 앞에서 벌거벗겨지신 …

명성을 빼앗기신 분 —
내 마음은 그분께서 평판이 좋으시던 시기와 장면들로 되돌아간다 …

성공을 빼앗기신 분 —
그분의 기적들이 절찬을 받고 하느님 나라가 바야흐로 세워질 것처럼 보이던 당당했던 세월을 상기한다 …

신용을 빼앗기신 분 —
그래, 그분은 십자가에서 내려오실 수가 없었다. 그래, 그분은 스스로를 구하실 수가 없었다.

— 영락없이 그분은 사기꾼이었다.

지지支持를 빼앗기신 분 —
달아나지 않은 친구들조차 도울 힘이 없다 …

당신의 하느님을 빼앗기신 분 —
아버지라고 생각하셨던 그 하느님을, 필요할 때 구해 주시리라 믿으
셨던 그 하느님을 …

끝으로 생명을 빼앗기신 그분 —
여기 지상에서의 이 생존에 그분도 우리처럼 집요하게 매달리시며
놓아 버리려 하지는 않으셨던 것이다 …

저 생명이 없는 몸을 바라보면서 나는 차차 이해하게 된다 —
지고의, 전적인 해방의 상징임을. 내가 바라보고 있는 것은 십자가
에 묶여 계시면서 예수께서는 활기를 띠고 자유로워지신다. 여기에,
패배가 아니라 정복의 비유가 있다. 저 십자가는 연민이 아니라 선
망을 자아낸다.

이제 나는 그분의 위엄을 묵상한다 —
우리를 노예로 만들고, 우리의 행복을 파괴하는 모든 것에서부터 스스로를 자유롭게 하신 그분의 위엄을 …

저 자유를 응시하면서 나는 나의 노예 상태를 생각하며 슬퍼한다:
나는 여론의 노예다. 사회가 나에 대해 뭐라고 말할까 생각할까에 좌우되었던 때를 생각해 본다 …

나는 성공의 욕망에 빠져 있다. 실수나 실패가 싫어서 도전과 위험에서 달아나던 때를 생각해 본다 …

나는 인간적 위로의 욕구로 노예가 되어 있다. 얼마나 여러 번 친구들의 인정과 수용에, 외로움을 달래 주는 그들의 힘에 의존했던가 … 그리고 친구들에 대한 강한 소유욕 때문에 자유를 잃었던 때는 또 얼마나 많았나 …

나의 하느님께 대한 나의 노예 상태를 생각해 본다. 안전하고 무사하고 고통 없이 살기 위해서 그분을 이용하려 들었던 때를 생각해 본다 …

또한 그분에 대한 두려움의 노예가 되었던 때를 …
그리고 의식과 미신을 통해 그분을 거슬러 보험에 들려는 욕구로 노예가 되었던 때를 …

끝으로 나는 얼마나 생명에 애착하고 있는가 …
갖은 두려움으로 얼마나 마비되어 친구들이나 명성을 잃을까 봐, 성공이나 생명이나 하느님을 잃을까 봐 모험이라고는 엄두도 못 내고 있는가 …

그러기에 십자가에 못 박히신 그분을 바라보며 나는 감탄해 마지않는다. 스스로의 애착들과 싸우시며 그것들을 놓아 버리고 정복하신, 수난 속에서 결정적 해방을 성취하신 그분을 …

오늘 성 금요일에 나는 곳곳에서 사람들이 십자가에 못 박히신 분을 경배하려고 무릎 꿇고 줄지어 있는 것을 본다 …
나는 이곳 갈바리에서 십자가를 경배한다. 주위의 소란스런 군중을 전혀 의식하지 않고 무릎을 꿇고 땅에 이마를 댄다 ―
나도 십자가 위의 저 몸속에서 빛나는 저 자유와 승리를 누리게 되길 바라면서.

경배 중에 내 마음속에서는 저 말씀들이 거듭 메아리치고 있다:

"나를 따르려면 네 십자가를 지고 따르라 …"

"밀알이 죽지 않으면 그대로 남아 있으리라 …"

그 리
스 도

만남

내게는 예수 그리스도와 나의 관계야말로 가장 중요하다 ― 나는 그분의 제자이기에. 이 수련에서 이 관계를 심화시키고자 한다:

어느 외딴 산꼭대기에 가면 그분을 만나게 되리라는 말을 듣고 즉시 그곳을 향해 떠난다고 상상한다 …
곧 예수 그리스도를 만날 거라고 생각하니 마음속에서 어떤 감정이 일어나나? …

적막한 산 위에서 멀리 평야를 내려다본다 …
그분께서 여기 계신 것을 알게 되었을 때 …
그분은 당신을 어떤 식으로 보여 주시나? …
또 나는 그분의 현존에 어떤 반응을 보이나? …

그분께 우리의 우정 관계에 대해 이야기한다. 부정적인 점을 먼저 이야기하는 것이 상책이다:
흔히 친구에 대한 부정적 감정은 주로 두 가지 ―
원망과 두려움이다.

나는 친구가 부담스러울 때 그를 원망한다 ―

내가 원하지 않는 일을 그가 강요할 때;

그가 소유욕이 강해질 때;

나의 자유를 구속할 때;

내가 원하거나 필요로 하는 것을 부인할 때.

내 안에 원망하는 마음이 숨어 있다면, 내가 그 감정들을 의식함으로써 나의 관계를 향상시킬 일이다. 그래서 예수님이 부담스러운지 자문해 본다:

그분은 불평으로 죄의식을 느끼게 하는 그런 친구이신가? …

압력을 가하며 내키지 않는 일을 강요하고 …

소유욕이 강해서 나의 자유를 제한하는? …

그렇다면, 이것을 탁 터놓고 말씀드린다 …

그리고 그분의 답변을 듣는다 …

그래서 결국 이런 피해를 입은 것은 그분에 대한 나의 왜곡된 이미지 때문이지 그분과는 상관없다는 것을 깨닫게 된다 …

두려움은 또 다른 부정적 감정이다. 예수께서 설명해 주시는 말씀을 듣는다 —

내가 그분을 두려워한다면 나는 아직도 사랑의 무조건성을 이해하지 못한 것이라고 …
무조건 사랑받고 있음을 느낀다는 것은 완전한 사랑이 두려움을 없앰을 아는 것이라고 …

우리의 차이를 해결한 다음, 우리는 우리의 관계 자체를 검토한다:
우리의 우정을 가장 잘 묘사하는 형용사들은?
그 말은 어쩌면 부정적이고 모호하고 심지어 모순될지도 모르지만 …
그러나 적합한 말이라면 그 통찰이 우리의 관계를 깊게 하는 데 도움이 될 것이다.

또는 무엇에 비길 수 있을까? …
그분과 나는 우리의 우정을 상징하기에 가장 잘 어울리는 이미지가 무엇인지를 결정한다 …

우리는 현재에서부터 과거로 옮아간다. 내 어린 시절에 예수 그리스도는 내게 어떤 분이었는가를 생각해 본다 …
그리고 성장 과정의 여러 단계에 있어서 …
우리 관계가 인식해 온 기복을 생각해 본다 …

우리의 우정은 한 가지를 더 요청한다:
나는 그분께 대한 나의 기대를 밝힌다 —
그분께서 나에게 무엇을 해 주시고 …
무엇이 되어 주시길 기대하는지 …
그리고 내가 그분에게서 무엇을 원하는지 …
그리고 그분께서는 내게 무엇을 기대하시는지 …

그분께서 가실 시간이다. 그래서 그분과 나는 미래를 내다본다:
우리는 앞으로 우리의 관계가 어떻기를 바라나? 이런 관계를 위해
서 내가 뭔가 구체적으로 할 수 있는 일이 있나?

그분의 현존이 사라지고 나는 그 산 위에서 서성거리고 있다 — 예
수님과의 만남에서 생긴 그 분위기를 잠시 동안 깊이 맛보고자.

제의

복음서에서 그리스도께서 사람들에게 "오라!"고 하셨던 때들을 생각해 본다. 오늘 나에게 하시는 그 말씀을 듣고 거기에 응답한다고 상상한다.

요한의 두 제자가 예수께 어디 사시느냐고 묻자 그분은 "와서 보라!"고 하셨다. 그분께서 함께 지내자고 나를 처음 초대하신 이래 내가 본 것들에 대해서 그분께 말씀드린다 …
그리고 그분께서 내게 보여 주신 것들에 대해서 …

그런 다음 필립보의 말을 상기한다:
"우리에게 아버지를 뵙게 해 주십시오. 그러면 더 바랄 것이 없겠습니다"
나도 더 보여 주십사고 청할 것이 있나? …

제자들 각자에게 예수께서 말씀하셨다:
"나를 따라오라!"

지난 수년 동안 그분을 따랐기에 내게 어떤 일이 일어났었는지 자문해 본다 …

또 다른 "오라" —

예수께서 호숫가에서 어부들에게 말씀하셨다:

"오라, 내가 너희를 사람 낚는 어부로 삼으리라"

내가 때때로 다른 사람들에게 영감을 주었던 일들을 생각해 본다 …

나의 사랑으로 그네들이 선함과 재능을 발휘하게 되었던 일들을 생각해 본다 …

두려움이 있는 곳에 믿음을 심어 준 일들을 …

고통이 있는 곳에 위로를 가져다준 일들을 …

무관심이 있는 곳에 사랑을 …

폭력이 있는 곳에 평화를 …

사소한 일상사에 여념이 없었던 사람들이 나 때문에 더 큰 부르심을 듣게 된 경우들을 생각해 본다 …

그리고 나는 그분의 말씀을 들으며 쉰다:

"오라, 내가 너를 사람 낚는 어부로 삼으리라"

"어렵고 무거운 짐을 진 자들은 내게로 오라, 내가 쉬게 해 주리라"

그분 안에서 안식을 찾으라시는 초대 말씀! 나에게 하시는 이 말씀을 들었을 때 내 입술에서는 무슨 말이 튀어나오나? …

끝으로,
"목마른 사람은 누구나 내게 와서 마시라"
사람이 어떻게 하면 자신의 목마름을 예수 그리스도한테서 풀 수 있
을까? …

주님

예수 그리스도께서 인류 역사에 미치신 영향을 생각해 본다 …

그리고 내 생에 미치신 영향을 …

그런 다음 그분과 대화를 나눈다.

그분께 나의 어떤 점에 가장 마음이 끌리시는지 여쭈어 본다 …
그리고 그분의 답을 듣는다 …

그분의 말씀 중에서 내게 가장 큰 영향을 준 것들에 대해 이야기해
본다 …
그리고 그 말씀이 내 삶에 어떻게 영향을 미쳤는지를 …

그분의 제자들은 종종 그분께서 그네들의 삶에 현존하신다고 말한
다. 내게는 그 "현존"이란 말이 무슨 의미를 지니는지 곰곰이 생각
해 본다 …
내 과거에는 대체 어떤 식으로 현존하셨나? …
그리고 오늘 내 생활 속에서는? …
그분은 우리에게 사랑하는 것을 가르치고자 보내지셨다고 일깨워

주신다. 예수께서는 내게 어떤 사랑을 가르쳐 주셨나? 내가 사랑하며 사는 사람이라면 그분께 어느 정도 책임이 있나? …

그분은 또한 사람들의 삶에 해방을 안겨 주고자 보내지셨다고 주장하신다. 그분 때문에 나도 이런 해방을 체험했던가? …
아니면 그 반대로 그분의 요구와 …
가르침 때문에 …
조이고 억눌리는 것을 느꼈나? 아니면 두 가지를 다, 억눌림과 해방을 동시에 체험했나? …
특별히 어떤 영역에서? …

대화를 마치기 전에 자문해 본다 —
예수께서 어제 내게 어떤 영향을 미치셨는지 …
그리고 그분께서 오늘 내가 생각하고 말하고 행동하는 데에 어떤 영향을 미치시리라고 생각하는지 말씀드린다 …

창조자

예수 그리스도와 홀로 있을 수 있는 장소를 상상 속에서 찾는다 …
이것이 내 안에 어떤 느낌과 반응을 낳나?

오늘 그분과 대화할 주제는 믿음이다.

믿음이란 하느님께서 계시하신 진리를 마음에서 동의하는 것이다.
예수 그리스도에 대해서 성서가 말하는 많은 진리 가운데 내게 의미
가 있다고 생각하는 것들을 몇 개 선택한다 …

그러고는 내가 작성한 이 특별한 신앙고백문을 그분께 말씀드린다 …

믿음이란 말과, 상대방의 약속과 관련이 있다. 나는 예수께서 하신
약속을 몇 가지나 믿나? …
여기에 대해서도 그분께 말씀드린다 …

믿음을 가진다는 것은 신뢰한다는 것이다. 나는 예수 그리스도를 신
뢰하나? …
그분을 신뢰함이 내게 실제로 무엇을 뜻하는지 말씀드린다 …

내가 예수님의 제자라면 내가 그분을 믿는 것만으로는 충분하지 않다. 그분이 나를 믿어 주시는 것도 그만큼 중요하다.

친구란 그가 내 안에서 보는 자질資質을 낳는다, 창조한다.
— 그러기에 사랑하는 사람은 그의 연인을, 스승은 그의 제자를 창조하는 것이다.

예수께서는 내게 이런 믿음을 가지고 계시나? 그분께서 내 안에서 보시고, 밖으로 드러나게 해 주신 자질은 무엇인가? 그분께서 말씀하시는 것을 상상 속에서 듣는다 …

예수께서 처음으로 베드로를 보셨을 때 겁 많고 충동적인 베드로 안에서 아무도 생각조차 못했던 면을 보시고 그를 바위라는 별명으로 부르셨다.
— 그래서 베드로는 결국 변화되어 그의 별명이 말해 주는 바로 그런 사람이 되었다. 예수께서 나한테는 어떤 이름을 또는 이름들을 지어 주시는지 듣는다 …
그리고 그분 말씀에 대해 나의 반응을 보인다 …

인식

오늘 기도에서는 막중한 물음과 대면한다:
예수 그리스도는 나에게 어떤 분이신가?

그분 앞에 있다고 상상하며 기도를 시작한다 —
온전히 나 자신이 되게 해 주시는 그분 앞에 …
그런 다음 중요한 주제에 관해서, 성서에서 그분을 부르는 칭호들에
대해서 그분과 대화를 한다.

첫째는 **구세주**라는 이름에 관한 것이다. 예수께서 나에게 구세주이
셨나?
어떤 상황에서? …
어떤 경우에? …
그분을 이 칭호로 부를 때 그 이름은 내게 무슨 뜻이 있나? …

이러한 질문에 대해 나의 답을 말씀드린다 …
그리고 그분의 말씀을 듣는다 …

성서가 그분을 부르는 또 다른 칭호는 **주님**이다. 그분을 주님이라고
부르는 것이 내게 무슨 의미가 있는지 말씀드린다 …

그리고 그분께서도 의견을 말씀하신다 …

성서는 그분을 **스승**이라고 부른다. 나는 그분께서 내게 가르쳐 주신 교훈들을 곰곰이 생각해 본다 …
그리고 제자로서의 나의 역할을 어떻게 보고 계신지 여쭈어 본다 …

여기 예수께서 스스로 부여하신 칭호가 있다:
나는 **부활**이요, **생명**이다. 예수께서 나의 생명이라고 주장하실 수 있나? 그것이 내 일상생활에서 무슨 의미를 지니나? …

그분은 또한 **친구**라고 자칭하셨다:
"여러분은 나의 친구들입니다. 나는 내가 아는 모든 것을 여러분에게 다 알려 주었기 때문입니다"
그분께서 친구로서 내게 알려 주신 것들은 무엇인가? …

이제 나는 성서를 밀어 놓고 내 마음이 그분에 대해서 체험한 것을 내 나름으로 칭호를 붙이면서 표현하게 한다 …
그리고 그분께서 거기에 대해 어떤 반응을 보이시는지 주시한다 …

응답

주위의 소리들에 귀를 기울인다 ···
복음을 더 잘 듣도록 준비하고자.

이제 예수께서 복음서의 사람들에게 말씀하셨던 몇 문장으로 내게
말씀하시는 것을 듣는다:

"너는 나를 누구라고 하느냐?"

처음에는 그 질문에 대답하지 않는다.
한참 귀를 울리고 또 울리게 둔다 ···
내 마음의 반응을 주시하면서 ···

그러다가 더 이상 억제할 수 없을 때
비로소 그 질문에 반응을 보인다 ─
단 한 마디로 ···
또는 침묵으로 ···

다른 성서 구절을 가지고도 똑같이 해 본다:

"너는 나를 사랑하느냐?"

"나를 따라오너라"

"내가 이토록 오랫동안 너와 같이 지냈는데도 너는 나를 모른단 말이냐?"

"너는 나를 믿느냐? 믿는 사람들에게는 모든 것이 가능하다"

선구자

우선 루가 복음 4장 14–30절을 잘 읽어 본다:
예수께서 고향에 돌아가신 장면이다.

나자렛 마을을 바라본다 …
그 위치며 …
집들을 …
회당과 …
마을의 우물을 …

젊은 예언자가 집에 돌아온다는 소문을 듣고 사람들이 흥분하는 것을 본다 …
또 회의주의자들도 본다 …
예수께서는 고향에서조차 분열을 일으키신다 …
그곳에 계시지 않으실 때조차 …

선한 사람과 나쁜 사람들만이 아니라 선한 사람들끼리도 갈라지게 하신다. 보아하니 그들은 선한 믿음의 그분을 반대하며 그분을 반대하는 이유가 선한 것이다. 전혀 나쁜 사람들이 아닌 것 같은 그런 사람들이 서로 논쟁하는 것을 듣는다 …

나는 빽빽한 회당 안에 앉아서, 예수께서 두루마리 성서에서 한 구절을 읽으시고 거기에 대해 논평하실 때 회당 안에 감도는 긴장감과 기대감을 느낀다 …

그분을 반대하던 사람들까지도 그분한테서 넘쳐흐르는 그 은총의 말씀에 사로잡히는 것 같다 …

그분께서 그들을 정복하신 것을 보니 기쁘다 …

그리고 그들을 공격하실 때는 마음이 아프다 …
왜 대결하려고 작정하셨을까? …

분노한 군중을 바라본다. 그리고 그분께서 마을을 쫓겨나시는 것을 슬프게 바라본다 …

그 사건이 있은 후, 지금 그분 홀로 앉아 있다. 제자인 나는 질문이 많다. 스승인 그분께서 대답하신다.
"어디에서 그런 용기가 나셨습니까?"
"겁이 나신 적도 있으십니까?" …

"왜 그들에게 반감을 일으키십니까?"

"주님의 백성이 주님을 몰라보다니 어찌 된 일입니까?" …

"저도 몰라보는 사람 중의 하나인가요?" …

답변으로, 그분께서는 내가 함께 살고 있는 몇몇 사람들을 보여 주시며 내가 그들의 약점과 결점에다 지나치게 마음을 쓰기 때문에 그들의 거룩함을 못 보고 있음을 알려 주신다 …
또 그냥 생각나시는 대로 몇 가지 사건을 들어 그 일들이 너무 평범하게 보이는 것 같아서 그들이 은총으로 변화된 것을 못 보고 마는 것을 깨닫도록 눈을 뜨게 해 주신다 …

나의 마지막 질문:
"주님, 저도 언젠가는 주님의 말씀과 지혜가 흘러 나오는 그 원천에 다다를 수 있을까요? …
제가 주님의 용기의 샘을 찾을 날이 있겠습니까?"
그분께서 거기에 대해 뭐라고 하시나?

약속

갈망을 통한 일치, 영적 친교라는 것을 실천하는 것이 과거에 성인들의 관례였다.

나도 같은 것을 해 보기로 시도한다. 나는 최후의 만찬 장면을 상상한다 …
마치 나 자신이 거기에 있는 것처럼.

예수께서 손에 빵을 드시고 축복하시어 나눠 주시는 것을 주시한다.
내가 그분의 손에서 그 빵을 받았을 때 그 빵이 내게 무엇이 되기를 바라는지 생각한다 …

그러자 예수께서 우리 제자들과 말씀하신다. 그분의 말씀은 그 빵을 먹는 데 관한 중요한 말씀이기에 나는 귀 기울여 듣는다.

먼저 그분은 우리에게 새 계명을 주신다 —
그분께서 우리를 사랑하셨듯이 서로 사랑하라고. 나는 이 빵이 내가 더욱 사랑할 수 있게 해 주길 기도한다 …
그리고 사랑이 나에게 무슨 의미를 지니게 되었는지 생각해 본다 …
또한 내가 사랑을 내 삶의 어느 위치에 놓고 있는지를 …

우리가 이 빵을, 쪼개진 이 몸을 먹는다면, 우리는 필연코 예수님의 수난과 죽음을 나누리라. 나는 그분께서 우리가 우리 사람들에게서 조차 박해받을 것이라고 예언하시는 것을 듣는다 …
그래서 순교자들을 지탱해 준 그 용기를, 그분처럼 살고 말할 힘을 주십사고 기도한다 …

그분은 이 성찬에서 평화를 선물로 주신다 —
세상의 평화가 아닌 그분의 평화를. 말씀의 뜻을 깊이 생각한다 …
그리고 선물을 나에게, 내가 사랑하는 이들에게 주십사고 청한다 …

그러자 그분께서 한 가지 약속을 하신다 —
우리는 고통 받고 세상은 기뻐할 것이지만 "나는 여러분에게 돌아오리니, 그때 여러분의 마음은 기쁨에 넘칠 것이며 그 기쁨은 아무도 빼앗아 가지 못할"것이라고. 나는 내가 먹은 이 빵을 통해서 부활하신 주님의 기쁨에 넘치는 그 현존을 내 삶의 온갖 기복을 겪으면서도 영원토록 체험하게 되기를 기도한다 …
그리고 그분의 현존을 필요로 하게 될 미래의 장면들을 상상하며 그분께서 그때 거기 계셔 주실 것을 믿는다 …

그러자 그분께서 우리를 위해 기도하신다. 나는 이 기도를 듣고 나 자신의 기도로 삼는다. 그분은 그분과 그분의 아버지께서 하나이시 듯이 우리 모두가 하나 되기를 기도하시며, 이것을 보고 그분께서 하느님께로부터 오셨음을 세상이 알게 되게 해 주십사고 청하신다 …
나는 이 빵이 이 빵을 먹는 모든 그룹에게 일치의 힘이 되게 해 주십사고 기도한다 …

예수께서는 오래, 밤이 늦도록 말씀하신다.

저녁 식사가 드디어 끝났다. 이번에는 술잔을 드신다. 그분께서 그 잔에 대해 말씀하시는 것을 듣는다 …
잔이 손에서 손으로 돌아 내가 마실 차례가 되었을 때, 나는 사랑에 취하게 되기를 그래서 사랑 안에 녹아 버리기를 기도한다 …

생 명

구원

이 방 안의 내 현존을 의식하게 된다 …
내 몸이 체험하고 있는 감각들을 …
내가 입고 있는 옷의 감촉들을 …
앉아 있는 의자를 …
내 주위의 모든 소리들을 의식하게 된다 …
그리고 나의 호흡을 …

또 내가 살아 있다는 사실에 주의를 돌린다 …

활기에 넘치는 식물이나 동물을 상상한다 …
활기에 넘치는 어떤 사람을 생각해 본다 …
이 사람 안에서 나는 어떤 성질을 발견하나? …
활기에 넘치게 산다는 것이 나에게는 무엇을 뜻하나?

한 가지는 확실하다:
활기에 넘치게 산다는 것은 자신의 과거와 미래를 포기하는 것을 의
미한다.
과거. 어제.
어제에 매달리면 활기를 띨 수 없다. 어제란 하나의 추억, 마음이 만

들어 낸 것이다. 그것은 실제가 아니다. 어제 안에서 사는 것은 죽은 것이다.

그러므로 나는 나의 어제들을, 과거 속에서 살려는 나의 경향을 놓아 버린다. 과거 속에서 사는 한 가지 방법은 불평거리들을 계속 붙들고 있는 것이다. 현재 속에서 충만히 살기 위한 첫 단계로 내가 원망하는 사람들의 목록을 작성하고 … 각자에게 특사를, 사면을 주어 내보낸다 … 나는 결백하고 그들만 죄가 있다고 느낀다면 사면이란 있을 수 없는 법이다. 나의 모든 피해에 대해 나도 그 가해자와 함께 공동 책임이 있다는 것을 깨달아야 한다.

어떤 사람의 잘못을 완전한 악으로만 볼 때는 그를 사면하기 어렵다. 사실은 그의 잘못이 내게 유익이 되었다. 그는 하느님께서 내게 은총을 주시고자 사용하신 도구였다 —
유다가 하느님께서 인류와 예수 그리스도에게 은총을 내리시기 위해 사용하신 도구였듯이.

내가 과거 속에 살기를 포기하기로 했다면 후회도 원한도 깨끗이 떨쳐 버려야 한다. 내가 손해라고 여기는 경향이 있었던 것들 —

나의 실패, 실수, 장애, 내 생의 기회 상실, 나의 나쁜 경험들 …
이 모든 것을 축복으로 보는 눈을 지녀야 한다. 삶의 춤 속에서는 만
사가 우리에게 유익하도록 협조하기에.

원망과 후회를 내보낸 다음 또한 좋은 체험들도 내보낸다. 체험들은
세속적 재물처럼 축적될 수 있다. 거기도 매달리면 역시 과거 속에
살게 된다. 그래서 나는 작별 인사를 한다 —
내가 옛날부터 소중히 여기던 사람들 …
장소들 …
직업들 …
물건들에게 …

우리 다시는 만나지 못할 것이다 —
나 돌아올 때는 그들도 나도 변했을 것이고 모두가 다를 것이기에.
그러니, 안녕 …
감사했습니다, 안녕히 …

나는 나의 어제들을 내보냈거니와 역시 나의 내일들도 떨쳐 버려야
한다 —

미래도 과거처럼 죽은 것, 한낱 마음의 작품이기에. 그리고 미래 속에 산다는 것은 지금 여기서는 죽어 있다는 것이기에.
그러기에 나의 탐욕과 야망을 포기한다 —
획득하려는, 성취하려는, 미래에 누군가가 되려는 모든 것을 …
삶은 내일이 아니다; 삶은 지금이다.
사랑도 그러하다 …
하느님도 …
행복도 …

내가 (내일을 위해서) 탐욕스럽게 야심을 품고 있는 것들에 대해 생각하고 그것들을 모두 밀어내 버린다고 상상한다 …
축복받은 안도감 —
탐욕을 버릴 때 비로소 근심의 굴레에서 벗어나 활기 있게 살 수 있기 때문이다. 잠시 시간을 가지고 나 자신이 이 안도와 자유를 체험하게 한다 …

미래와 과거로부터 자신을 해방시킨 다음 현재 속으로 돌아온다 —
지금 그대로의 삶을 체험하기 위해서, 영원한 삶은 지금이기에, 영원한 삶은 여기에 있기에.

주위의 소리들에 귀를 기울인다 …
들이쉬고 내쉬는 내 호흡을 의식하게 된다 …
그리고 내 몸을 …
그래서 할 수 있는 한 온전히 지금에 있도록.

노출

내가 활기를 띠게 되는 때를 생각해 본다 …
그리고 기력이 없을 때를 …

활기 띤 순간의 내 모습들을 그려 본다 …
그리고 기력이 없을 때의 모습들을 …

생명은 안전을 싫어한다. 생명은 모험을 무릅쓰는 것, 스스로 위험
에, 죽음에까지도 노출되는 것을 뜻한다.

예수께서는 말씀하신다:
안전하기를 바라는 사람은 목숨을 잃을 것이고 목숨을 잃을 각오가
된 사람은 건지리라고 …

내가 모험하기를 회피했던 때를 …
편안하고 안전했던 때를 생각해 본다 …
― 내가 침체되었던 때들이다.

다른 때들을 생각해 본다 ―
용기 있게 기회를 포착하려고 하던 때를 …

실수를 하고 …

실패를 하고 …

바보가 되고 …

남들의 비판을 받아들이던 때를 …

감히 상처받을 모험을 하고 …

남들에게 고통 주기를 무릅쓰던 때를 …

— 내가 활기 있게 살아 있던 때들이다!

삶은 노름이다. 겁쟁이는 죽는다.

선과 악에 대한 나의 지각知覺:

이런 일은 좋은 것이니 추구해야 한다;

저런 일은 나쁜 것이니 멀리해야 한다는

그것이 생명과 어긋난다.

선과 악을 아는 나무에서 열매를 따 먹는 것은 낙원에서 떨어져 나

가는 것이다.

삶이 가져다주는 것은 무엇이든 받아들일 줄 알아야 한다

— 고통도 슬픔도 기쁨도.

스스로를 괴로움과 차단시킬 때 즐거움을 누리는 능력도 죽는 법.

— 불쾌하고 탐탁지 않다고 여기는 것들을 모질게 억누르다 보면 그

생명 . . 135

무감각과 억압 속에서 경직되고 죽는 법이다.

그래서 어떤 체험도 좋거나 나쁘다고 부르지 않고 현재의 순간들을
만끽하기로 결심한다. 내가 두려워하는 그런 경험들에 대해서도 …
할 수 있는 대로 저항을 그치고 내버려 둔다 …

생명은 변화와 손잡고 나아간다. 변화하지 않는 것은 죽은 것이다.
시대에 뒤떨어진 사람들을 생각해 본다 …
내가 시대에 뒤떨어졌던 때를 생각해 본다 …
변화도 없고 새로운 것도 없이 똑같이 낡고 진부한 개념들과 행동
양식들, 똑같은 사고방식, 신경증, 인습, 편견들 …
변화에 대한 두려움 속에 안주하는 사람은 죽은 사람이다. 지난 6개
월에 걸쳐 내 안에서는 무슨 변화가 있었나? 오늘은 무슨 변화가 있
으려나 …

주위의 모든 자연을 주시하면서 이 수련을 마친다:
퍽도 유연하고,
퍽도 유동적이고,
퍽도 섬세하고,

불완전하고,

죽음에 노출되어 있고,

— 또 그래서 퍽도 활기에 넘쳐 있다!

한참 바라본다 …

하늘나라

깊고 깜깜한 동굴로 들어가 완전히 혼자 있다고 상상한다 …
한구석에 앉아서 삶을 묵상한다 …

오늘 나는 삶의 부서진 면을, 무익하고 낭비되는 면을 보기로 선택
한다:

길가에 자라는 꽃들을 상상한다 …
그리고 땅 위로 싹터 보지 못한 씨앗들을 본다 …
돋아나 봐야 사람들한테 짓밟히기나 하고 소들한테 뜯어 먹히고 햇
볕에 말라 죽기나 하는 연약한 싹들을 본다 …
단 하나의 꽃을 피우기 위해 수천의 싹들이 성장의 모든 단계에서
죽어야 한다 …

수억의 난자들이 허비되는 것을 본다 —
태아들이 죽임을 당하는 것을 …
태어난 아기가 죽게 되는 것을 …
— 살아남은 모든 인간을 위해서.

수백만의 사람들이 헛수고하는 것을 본다 —

배우, 작가, 정치가, 성인 …
그렇게 되기를 동경하는 사람들이 결국 실패로 끝나는 것을 …
— 뜻을 이룬 소수의 사람들을 위해서.

나는 오늘의 내가 있는 곳에 이르기까지
권태로 …
쓸데없는 대화로 …
오락으로 …
무능력하게 만드는 병으로 …
또는 어리석게 자초한 고통으로 …
헤아릴 수 없이 많은 시간을 낭비했고
비생산적인 기획에 …
사산死産된 과제에 …
결실 없는 일에 …
정력을 소산했다.

내가 내던져 버린 무수한 기회들을 묵상한다 …
소홀히 한 재능들 …
직면하기 두려워한 도전들 …

지키지 못한, 더구나 지키지 못할 약속들 …

　　나는 이것을 슬픔이나 죄의식이 아니라
　　참을성 있는 이해심을 가지고 묵상한다 ―
　　성공적일 때만큼 패배적일 때도
　　삶을 사랑하고 싶기에.

그리고 주님께서 하늘나라의 상징으로 우리에게 주신 저 비유를 상기한다:
씨 뿌리는 사람이 씨를 뿌리러 나갔는데 어떤 씨는 돌밭 위에 떨어지고 어떤 씨는 가시덤불과 엉겅퀴 사이에 떨어지고 어떤 씨는 길가에 떨어져 짓밟히거나 새들한테 먹혀 버리고 어떤 씨는 백 배의 열매를 맺는다 ―
또는 적게는 삼십 배나 육십 배라도 …

나는 그 들판 전체를 사랑한다.
돌멩이도 사랑하고 비옥한 땅도 사랑한다 …
길가도, 가시덤불과 엉겅퀴도 …
그 모든 것이 삶의 일부이기에.

놀랄 만큼 많은 결실을 맺는 그 씨를 사랑한다 …
그리고 평균치의 성공을 거둔 씨도 …
오늘은 각별히 그저 죽기 위해서 뿌려진 씨를 사랑한다 …
그래서 그 씨는 세상에서 잊혀지기 전에 나의 사랑으로 축복받고 구원될 것이다 …

끝으로, 십자가의 구세주를 바라본다 —
부서진 몸과 실패로 끝난 사명 속에서 일반적인 삶의 드라마와 특정한 내 삶을 상징하고 계신 구세주를 …
나는 그분도 사랑하며 그분을 내 가슴에 껴안고 이해한다 —
어디선가 어떤 식으로든 그 모든 것이 어떤 의미가 있고 그 모든 것이 구원되며 아름답게 되고 부활하리라는 것을 …

거지

내가 얼마나 오래 살았는지 생각하며 삶의 불공평함을 보고 놀란다:
다른 사람들은 훨씬 짧게 살았다(내가 아는 몇몇 사람들을 생각해 본다 …);
어떤 사람은 한 시간도 채 못 살았다 …

어린 시절을 생각해 본다 …
그리고 각 성장 단계를 …
나는 내가 기대했던 것보다 또는 받을 만하다고 생각했던 것보다 참
으로 훨씬 많은 축복을 받았다!

삶이 내게 부여한 체험들을 생각해 본다 —
내 마음을 가득 채웠던 행복한 체험들 …
나를 자라게 도와준 아픈 체험들 …
내가 발견하게 된 것들 …
내가 만날 특권을 누린 사람들 …
나의 재능과 능력들 …
시각 …
청각 …
후각 …
미각 …

촉각 …

마음 …

의지 …

기억 …

팔다리 …

그리고 몸의 기관들 …

비록 오늘 죽게 되어 있다 하더라도 나는 내 몫에 합당한 삶의 축복
보다 더 많이 누린 것이 분명하다 …
삶이 나를 위해 그 무엇을 더 보관하고 있든지 그것은 덤으로 받는
선물이다 —
지극히 과분한 …

이 사실을 받아들이고 나서 나는 내가 살고 즐길 수 있는 또 다른 하
루를 가졌다는 사실을 스스로 의식한다 …
내가 아침을 사는 것을 본다 …
오후를 …
저녁을 …
그리고 나의 행운을 감사히 받아들인다 …

오늘 살아 있는 사람들 중 내게 가장 소중한 사람을 생각해 본다 …
그가 내 삶을 어떻게 풍요롭게 해 주었는지를 …
내일 그 사람을 잃을지도 모른다 …
삶이란 그렇듯 덧없는 것이다 …

그렇게 된다 해도 불평할 까닭은 없다. 나는 그 사람을 퍽도 오랫동
안 지녔었다 …
하느님께서는 내가 그 사람에 대해 단 한 시간도 주장할 권리가 없
다는 것을 아신다 …
삶은 불공평했다:
그 삶이 내게 안겨 준 풍요로움들을 한번도 누려본 적이 없는 이들
을 생각해 본다 …
상상 속에서 이 생각을 그 삶에게 말하고 그리고 어떤 일이 생기는
지 본다 …

이제 나는 그 삶이 아직 하루 더 여기 있다는 것을 의식하게 되고 …
고맙게 생각한다.

발견

내가 6개월 후에 장님이 되리라는 말을 들었다고 상상한다 …
이에 내가 어떤 반응을 보이는지 주시한다 …

다시 보고픈 사람들 …
장소들 …
물건들을 …
실명하기 전에 내 기억에 새겨 놓고자 꼽아 본다. 상상 속에서 그들
을 다시 보려고 하니 이제는 어떤 느낌이 드나? …

이제 나는 평범한 하루를 산다 —
일어나고, 돌아다니고, 먹고, 읽고 …
장님으로서의 모든 생각과 느낌을 주시하며 …

눈멂이 내 직업에 어떤 영향을 미치나 …
사람들과의 관계에는? …

나는 시력을 잃기 전처럼 결실을 맺으며 행복하게 살아가겠다고 결
심한다 …
그리고 이 결심이 내게 어떤 영향을 주는지 본다 …

눈먼 사람들은 종종 눈 떴을 때 못 보고 지나치던 것들을 본다. 나는 이런 것들을 찾아본다 …

이 수련을 마치면서 시력이 내게 베푼 풍요로움에 대해서 곰곰이 생각한다.

내가 해돋이나 달이나 꽃 피는 것을 또는 사람들의 얼굴을 본 적이 없었다면 오늘의 내가 될 수 있었을까 …
나를 즐겁게 해 준 아름다운 장면들을 마음에 그려 보며 내 눈에게 감사한다 …

경이감을 느끼는 것이 관상의 핵심이라면, 내 눈은 내게 얼마나 여러 번 신비스런 순간들을 맛보게 해 주었던가! 나는 그런 순간들을 찾아낸다 …

내 눈이 아니었더라면 누리지 못했을 — 또는 베풀지 못했을 — 다정한 사랑의 장면들로 되돌아간다.

내 삶이 독서를 통해 누리는
지식 없이 …
즐거움 없이 …
살게 될 것을 그려 본다.

끝으로, 나 자신에게 묻는다 —
오늘 내 눈을 어떻게 쓸 것인지 …

깨어남

내가 어깨 아래로 온몸이 마비되었다고 스스로 믿게 만든다 …
그리고 나의 생각과 느낌들을 주시한다 …

이 마비로 인해 일어난 변화들을 본다 —
내 일과 직업에 있어서 …
대인 관계에 있어서 …
자아상에 있어서 …
자신에 대한 태도에 있어서 …
기도생활, 하느님과의 관계에 있어서 …
인생관에 있어서 —
나 자신의 반응을, 예를 들면 일상 뉴스에 관한 반응을 관찰한다 …
일에 대한 나의 태도와 가치관을 관찰한다 …
시간 …
성공 …
사랑 …
성장 …
삶 …
발전 …
죽음에 대한 …

평범한 하루를 묵상한다 —
아침에 깨는 순간부터 밤에 잠들 때까지:
눈 뜨면 처음 떠오르는 생각 …
식사 …
화장실 가고픈 욕구 …
일 …
그리고 치료 …
오락 …
기도 …

밤에 잠시 동안 감사기도 드릴 시간을 가진다:

말의 은혜에 감사드린다:
나는 내 필요와 느낌을 표현할 수 있다 …
다른 사람들과 관계를 맺을 수 있다 …
그들을 도와줄 수도 있다 …

그리고 청력의 은혜에 감사드린다:
나는 음악과 새들의 노래와 인간의 음성을 들을 수 있다 …

그리고 시력의 은혜에 감사드린다:

나는 꽃을 볼 수 있다 …

나무를 …

밤하늘의 별을 …

친구들의 얼굴을 …

나는 벅찬 마음으로 감사드린다:

맛을 …

냄새를 …

촉감을 …

생각을 …

기억을 …

공상을 …

느낌을 …

이제 마비 자체를 감사할 시간이 되었다:

마비가 가져다준 축복을 생각해 본다 …

마비를 하나의 선물로 볼 수 있을 때까지 …

나 자신을 이 경지까지 이끌 수 있다면 나는 가장 순수한 신비주의의 순간을 맛본 셈이다 —
즉, 모든 것을 있는 그대로 받아들이는 순간을.

이제 내 삶에서 내가 원망하고 거부하는 것들에 대해 생각해 본다:
신체적 결함 …
병 …
불가피한 상황 …
내가 살고 있는 환경 …
과거에 있었던 어떤 일 …
어떤 사람 …

그리고 "마비"에 대해서처럼 차근차근 이들 하나하나에 대해서도
생각해 본다. 그래서, 가능하면 그것들을 떨쳐 버리려는 나의 욕구
와 노력을 포기하지 않으면서도 스스로 감사하는 마음을 가지게 만
든다 …
그 모든 것에 대해서 …
모든 것 하나하나에 대해서 …

신기루

모래와 하늘이 끝없이 뻗친 사막을 걸으며 …
나는 완전히 혼자다 …

고독은 나 자신에 대한 사랑의 행위요 친절이다. 아무것도 여기서는
나를 방해할 수 없다. 나는 시간을 가지고 나 자신을 생각하며 …
나 자신에게 말을 한다 …
긍정적이고 친절한 어투로 …

고독은 보는 눈을 가지게 해 준다:

3천 년 전 지구상에 사람들이 살았었는데 그들은 내 문제만큼 큰,
또는 그보다 더 큰 문제들을 안고 있었다. 상상 속에서 그 시기로 들
어가서 그들을 바라본다 …

지금 그들은 어디에 있나? 그들의 남은 자취를 찾아본다 …

지금으로부터 3천 년 후의 지구에 온다. 그 옛날 낯익었던 장소들은
사막이나 정글이 되어 버렸다 …
또는 언어, 음식, 생활 습관이 전혀 낯선 사람들이 살고 있다 …

내 고향과 내 나라의 이름 자체도 바뀌었다! 나는 지금 내가 있는 그 지점에 서서 — 그 지점을 찾을 수 있다면 — 3천 년 전의 내 문제들을 돌이켜 본다!

고독은 거리를 가지게 한다 …
거리는 평정平靜을 가져온다 …
그런 마음 상태에서 사막을 떠나기 전에 내 앞에 놓여 있는 일들을 바라본다 …

강

하늘에 빛나는 샛별을 쳐다본다. 저 샛별이 나와 내 주위와 지구의
이 부분을 내려다볼 때 무엇을 보는지 상상해 본다 …

저 샛별이 천 년 전 오늘에는 무엇을 보았을지 그려 본다 …
오천 년 전에는 …
십만 년 전에는 …
오백만 년 전에는 …

그 샛별이 천 년 후에는 무엇을 보게 될지 상상해 본다 …
오천 년 후 …
십만 년 후 …
오백만 년 후 …
바로 오늘을 기념하는 그날에는.

내 생애의 여러 단계들을 돌이켜 본다 —
유아기, 아동기, 사춘기, 성년기, 중년기를 …

이들 각 단계에서 엄청나게 중요해 보이던 일들을 찾아본다 …
내게 걱정과 근심을 가지게 만든 일들 …

내가 완강히 매달리던 일들 …
도저히 함께 살 수는 없다고 …
또는 그것 없이는 못 살겠다고 생각했던 것들을 …

오늘에 와서 거리를 두고 되돌아볼 때, 저들 사랑과 꿈과 두려움 가운데 예전에 내게 지녔던 그 위력을 아직도 보유하고 있는 것들이 몇이나 되나? …

그런 다음 오늘 내가 가진 몇몇 문제들을 돌이켜 본다 …
현재의 나의 몇몇 고통들을 …
그리고 그들 각각에게 말한다:
"이것도 사라질 것이다"

내가 집착하고 있는 일들을 생각해 본다 …
또는 소유욕을 느끼는 것들을 …

내가 이들을 다르게 볼 날이 반드시 오리라. 그래서 내가 집착하는 이들 각각에게도 말한다:
"이것도 사라질 것이다"

내가 두려워하는 많은 것들을 꼽아 보고 …
이들 각각에게 말한다:
"이것도 사라질 것이다"

끝으로, 나 자신이 나의 일과에 종사하는 걸 본다.
진지하게 …
열심히 …
그런 자세로 드라마에 뛰어든다 …
또는 게임에 …
열중하고 몰두하지만 빠져 버리는 일은 없이 …

본질

지난 24시간 동안 세계 도처에서 수천 명이 죽었다. 저들 죽음 가운데 몇몇을 상상한다 —
격렬한 죽음들 … 평화스런 죽음들 …
생명의 불꽃이 아직 내 안에는 타고 있다 …
나는 이 불꽃이 얼마나 더 오래 타길 바라나? …

내가 나의 죽는 환경을 택할 수 있다면 나는 무엇을 택하겠나?
어떤 장소에서? …
하루 중 어떤 시간에? …
일년 중 어느 계절에? …
깨어 있다 죽고 싶나 아니면 자다가? …
혼자서 또는 사람들에게 둘러싸여? …
어떤 사람들이? …
어떤 종류의 생각들과 …
어떤 종류의 말들이 …
죽을 때 내 안에서 떠오르길 바라나?
죽어서 가장 아쉬워할 것들을 꼽아 본다 …
사랑과 미美 같은 그저 숭고하고 고상한 것들이 아니라, 방금 구운 신선한 빵 냄새 같은 작은 것들,

비가 후두두 떨어지는 소리 …
담요의 까칠한 감촉, 커피 맛, 좋아하는 잡지 …

이런 가지가지를 사랑과 감사하는 마음으로 상기한다 …

그리고 앞으로 그 가운데 몇 가지를 체험할 듯한지 생각해 본다 …

내 삶을 마칠 무렵에 돌이켜 보며 이렇게 말할 수 있는 체험들은 얼마나 될까?
"그것 하나 체험한 것만으로도 내 인생은 가치가 있었다"고 …

그리고 내 행동에서 이렇게 말할 수 있는 것들이 몇 가지나 될까?
"이것 하나 행한 것만으로도 내 인생은 살 만했다"고 …

이런 체험들과 행동들을 다시 살아 보며 즐긴다 …

끝으로 하느님께로 돌아서서 내 마음에 제일 먼저 떠오르는 것들을
침묵으로 또는 말로 표현한다 …

기쁜 소식

내가 살날이 며칠 안 남았다고 상상한다 …
이 마지막 날들을 함께 보내고픈 사람을 단 한 명, 또는 많아야 두
명을 선택할 것이 허락된다.
나는 괴로운 마음으로 선택한다 …
그다음 그 사람과 대화를 하며 왜 내가 그를 택했는지 설명한다 …

내가 선택한 사람들 아무 하고나 3분간 통화를 하도록 허락된다 …
또는 그들 각자에게 메시지를 적어 보내도록 …
누구를 택하나? …
무슨 말을 하나? …
그들 각자는 뭐라고 대답하나? …

내가 싫어했던 또는 무심했던 사람들에게 연락할 마지막 기회를 가
진다. 이 기회에 그들 각자에게 무슨 말을 하나 —
영생의 문턱에 서 있음을 느끼는 이 마당에? …
마지막 소원이 있냐고들 묻는다. 있나? …

한 친구는 자기가 추도사를 할 계획이란다. 나는 그 내용을 한두 가
지 제안한다 …

하루는 방에 혼자 앉아 내 생에 있었던 일들을 생각해 본다.
특히 감사하는 일들 …
자랑스럽게 생각하는 일들을 …

그런 다음 후회하며 없었기를 바라는 일들을 …
특히 나의 죄들을 돌이켜 본다 …

그러고 있을 때, 예수 그리스도께서 들어오신다. 그분의 현존은 달콤한 기쁨과 평화를 낳는다 …
내가 일생 중 후회하는 일들을 말씀드리는데 …
그분은 내 말을 막으며 말씀하신다:
"그런 것은 모두 용서되고 잊혀졌다. 모르느냐 — 사랑은 잘못을 기억하지 않는다"(1고린 13,5).
그리고 계속 말씀하신다:
"사실, 네 잘못들은 그냥 용서만 된 것도 아니다. 은총으로 바뀌어지기까지 했다. 못 들었느냐 — 죄가 큰 곳에서 은총은 더욱 크다"(로마 5,21).

가엾은 겁보인 나는 너무나 좋아서 이것이 사실이라고 믿기지가 않을 지경이다! 그때 그분의 말씀이 들린다:

"난 네가 퍽 마음에 든다 …

네게 참 고맙게 생각한다 …"

나는 주님께서 그토록 마음에 들어하시거나 고마워하실 일을 한 번도 한 적이 없다고 부인한다. 그러자 그분께서 말씀하신다:

"네가 내게 베푼 후의의 아주 조금만이라도 네게 베푼 사람이 있다면, 넌 분명히 그에게 말도 못할 정도로 고마워하겠지? 내가 너보다 마음이 좁다고 생각하느냐? …"

나는 편히 기대앉아 그분 같은 하느님을 모시고 있음을 기뻐하면서 주님의 이 말씀이 가슴에 와 닿게 한다 …

구출

삶을 있는 그대로 보게 하는 데는 죽음의 현실보다 더 도움이 되는
것이 없다.

내가 나의 장례식에 참석한다고 상상한다 …
관 속에 누운 내 몸을 본다 …
꽃 향기와 향 내음을 맡는다 …
모든 장례식 예절을 자세히 본다 …

각 조객 위에 잠깐씩 눈길이 머문다 …
이제야 나는 이해한다 —
그들 자신도 살날이 얼마 안 남았음을 …
다만, 그들은 그것을 알아차리지 못할 뿐임을. 바로 지금 그들의 정
신이 집중된 초점은 자신들의 죽음이나 짧은 인생이 아니라 나다.
오늘 이것은 나의 쇼 — 지상 최후의 성대한 쇼, 내가 관심의 초점이
되는 마지막 시간이다.

사제가 강론 때 나에 대해 하는 말을 듣는다. 그리고 사람들의 얼굴
을 살펴본다. 나를 그리워하는 것을 보니 기분이 좋다. 내가 친구들
의 마음과 삶에 공백을 남겼구나 …

또한 이 군중 가운데 내가 없어진 것을 기뻐하는 사람들도 있을지 모른다고 생각하니 숙연해지기도 한다 …

묘지로 향하는 행렬에 끼어 걷는다 …
마지막 기도가 바쳐지는 동안 사람들이 무덤에 묵묵히 서 있는 것을 본다 …
하관을 바라본다 ―
내 생의 마지막 장을 …

얼마나 좋은 일생이었던가를 생각한다 ―
그 모든 기복들 …
흥분과 단조의 시기들 …
성공과 좌절 …
이제 사람들은 집으로, 일상사로, 꿈과 걱정거리로 되돌아갈 때, 나는 무덤 옆에 머물러 내 일생의 사건들을 회상한다 …

일 년이 흘러, 나는 지상으로 돌아온다. 내가 남긴 아픈 공백들이 속속 메워지고 있다:
나에 대한 기억이 친구들의 마음속에 살아는 있으나 그들은 내 생각을 덜 한다. 이제 그들은 다른 사람의 편지를 더 기다리고 다른 사람들과 벗하여 쉬며 다른 사람들이 그들의 삶에 중요하게 되었다. 또 그래야 마땅하다 — 삶은 계속되어야 하니까 …

내가 일하던 곳을 가 본다. 그 일은 아직 계속되고 있으나, 다른 사람이 그 일을 하고 있고 다른 사람이 결정을 내리고 있다 …

일 년 전만 해도 내가 자주 다니던 곳들 —
가게, 거리, 음식점들 …
모두 거기에 그대로 있다. 그리고 내가 그 거리들을 거닐었었고 그 가게들에 들렀었고 그 버스들을 탔었다는 것은 아무 상관도 없는 것 같았다. 나를 하나도 그리워하지 않는다!

개인 소지품들을 찾아본다 —
시계, 만년필 …
그리고 나한테 감상적인 가치가 있던 물건들 —
기념품, 편지, 사진 …
그리고 내가 사용하던 가구 …
옷, 책 …

내가 죽은 지 50주년 기념일에 돌아와서 누군가가 아직도 나를 기억하고 내 이야기를 하는지 둘러본다 …

백 년이 지나서 다시 돌아온다. 앨범이나 벽의 색 바랜 사진 한두 장과 묘비 말고 나에 관한 것이 거의 남아 있지 않다 …
기억해 줄 친구들도 이젠 다 죽고 없다. 그래도 혹시나 하고 내가 지상에 존재했던 흔적을 찾아본다 …

내 무덤을 들여다보니 관 속에 한 줌 먼지와 가루가 된 뼈들이 보인다. 그 먼지를 바라보며 내 생애를 회상한다 —
승리 …
재난 …
근심 걱정과 기쁨 …
노력, 갈등 …
야망, 꿈 …
사랑, 혐오 …
내 존재를 형성했던 것들을.
— 그 모든 것이 바람에 흩날려 우주 속으로 사라져 버렸다 …

다만 먼지 한 줌만이 남아 있어 한때 내가 살아 있었음을 말해 주고
있다!

그 먼지를 묵상하고 있으니까 마치 어깨에서 무거운 짐을 벗어 놓는
것 같다 —
내가 중요시하는 생각에서 오는 그 중량을 …

그런 다음 주위의 세계를 바라보며 묵상한다 —
나무들, 새들, 지구, 별들, 햇빛, 아기의 울음, 달리는 기차, 서두르
는 군중 …
삶의 춤과 우주의 춤을 …
그리고 이들 모든 것 안 어딘가에 나라고 불리는 그 사람의 잔재가
그리고 내것이라고 불리는 그 삶의 잔재가 남아 있음을 나는 안다.

심포니

삶의 신비를 더 깊이 느끼기 위해 다시 죽음을 묵상해 본다. 내 몸이
최근에 묻힌 나무로 둘러싸인 마을 공동묘지를 상상한다 …

내 무덤 옆에 앉아 내 몸을 가능한 한 생생하게 그려 본다 …
팔다리를 만지며 그 차가움과 뻣뻣함을 느끼는 듯이 …

얼마 동안 이렇게 한 다음, 자연을 한번 둘러본다:
동트기 직전이라 깜깜하다. 칠흑 같은 밤이 옅어지기 시작할 때까지
지평선을 바라본다.

마을에서 수탉이 울기 시작한다 …
등불이 켜지자 사람들이 움직인다 …
이러한 삶의 소리가 깨어나면서 새벽의 고요는 어쩐지 한층 짙어져
간다.

다시 한 번 상상의 눈으로 나의 관을 바라본다.
내 몸은 푸르죽죽하다 …
그 몸을 머리부터 발끝까지 샅샅이 훑어본다 …

동이 트며 지평선이 환해진다. 구름이 발갛게 물든다. 샛별이 홀로
고요히 빛나고 있다 …

마을의 소리에 귀를 기울인다 …
그리고 거기서 일어나는 일을 상상해 본다.

다시 내 몸을 본다:
살갗이 터지기 시작하는 것을 바라본다
— 부패되기 시작하는 표시다 …

아침나절이다. 구름은 하얗고 하늘은 파랗고 나무들은 밝은 초록 잎
을 반짝인다 …
미풍이 스쳐 가자 나뭇잎들이 속삭인다 …

아이들의 목소리가 하늘을 메운다 —
따라 읽는 소리 또는 뛰어노는 소리 …
남자들은 들에 나가고 …
부인들을 부엌에 있고 …
삶의 분주함!

부분적인 부패가 시작되었다.
얼굴, 가슴, 배의 모습이 망가진다 …
눈길을 돌리지 않도록 안간힘을 써야 한다 …

서둘러 자연으로 눈길을 되돌린다. 때는 정오다. 해가 중천에 떠 있
다. 풀벌레와 벌들이 윙윙거리는 소리가 들린다 …

마을이 고요해진다 …
점심을 먹고 쉬는 때다.

내 온몸이 온통 변질되기 시작했다 ―
머리, 얼굴, 가슴, 어깨, 팔, 손, 배, 외음부, 넓적다리, 무릎, 다리,
발가락 …
내 몸은 커다란 부패 덩어리다 …

열기로 공기가 탁하고 나른해진다 …
땅 위에 드리운 빛과 그림자의 놀이를 바라본다 …
삼라만상이 숨이 막힌 듯 후덥지근한 오후다. 마을에서도 아무 소리
도 안 들려온다.

부패 작용은 이제 거의 끝났다 …
해골이 드러나고, 그 위에 여기저기 아직 살덩이가 붙어 있다 …
한때는 저 해골이 채워졌었던 그 몸의 형태를 상기해 본다 …

저녁이다 …
소들이 들판에서 우리로 돌아가며 음매 하고 우는 소리가 들린다 …
절의 북소리에 이상한 감동이 인다 …
그리고 황혼을 보며 넋을 잃는다 …

마을에 불이 켜진다. 저녁의 미풍이 묘지를 스친다 …
별들이 반짝이기 시작한다 …

다시 가서 내 몸을 보니 해골밖에 없다 …
깨끗한 흰 뼈들 하나하나에 눈길을 멈춘다 …

내 주위는 밤이다 …
마을에서는 저녁을 먹는 시간이다 …
사람들이 불가에 둘러앉아 이야기를 나눈다 …
이따금 다투는 소리가 바람에 날려 온다 …

달빛이 나무 사이로 스며든다 …

무덤 속 내 해골은 부서지고 풍화되었다. 그 뼈마디를 하나씩 응시
한다 …

한밤이다 …
미풍도 잠잠해졌다 …
모든 것이 고요하다 …
달이 밤을 다스린다 …

마을에는 불빛이 꺼졌다 …

마지막으로 다시 한 번 내 무덤을 본다 …
한때 내 몸이 들어 있던 그 빈 관을 보니 몸은 몰래 빠져나가 버리고
먼지만 남겨 놓은 것 같다 …

이른 아침이다 …
자연이 잠 깨는 소리가 사방에서 들린다 …
나무들도 산뜻하게 차려입기 시작한다 …

마을 사람들은 또 하루를 살 준비를 한다 …

가까운 나무에서 새 소리가 들린다 …
무엇을 노래하는 걸까? …
묘지의 이 새 소리는 특별한 데가 있다!

그 노래를 듣는다 …
그리고 먼지로 변한 내 몸을 묵상한다 …
그리고 주위에서 계속되고 있는 삶의 춤을 지켜본다 …

특사

살날이 6주밖에 안 남았다는 통보를 받았다고 상상한다 …
나의 상황을 생생하게 그려 본다 —
몇 살이고 …
어디 있으며 …
무엇 때문에 죽어 가고 있는지 …

나는 삶에게 작별하는 고통을 치른다 …
내가 사랑했던 것들 각각에게 …
그리고 미워했던 것들에게 …
　　이 작업을 대화식으로 한다.
　　이들도 — 그리고 삶도 — 나에게 대꾸한다 …

내가 죽으리라는 소식을 듣고 사람들이 어떤 반응을 보이는지 관찰
한다 …
그들 각자가 나를 잃음으로써 무엇을 잃게 될까 생각해 본다 …

죽은 후에 나는 주님 앞에 선다. 그분께 나의 일생에 대해서 말씀드
린다 —
나를 가장 즐겁게 해 주었던 일들 …

그리고 가장 후회하는 일들 …

이제 하느님께서 나를 다시 살리실 계획이시라는 말씀을 듣는다. 다시 태어날 상황을 마음대로 택하라 하신다:
어느 나라를 택하겠나? …
성性은? …

어떤 종류의 사람이 되고 싶나?
나의 성격을 선택한다 …
재능을 …
덕과 약점을 …
새 삶에서 경험해 보고픈 일들을 …

어떤 사회계층에 태어나고 싶나?
— 부유층, 중산층, 극빈층?
이유는? …

어떤 종류의 부모를 택하겠나?
그분들 각각이 지니게 되길 원하는 자질과 약점을 고른다 …

상상 속에서 이것을 나의 현 부모에게 말씀드리고 그분들의 반응을
본다 …

어떤 어린 시절을 보내고 싶나? …
형제는 몇이나? …
어떤 교육을 받고 싶나? …

생업으로는 무엇을 택하겠나? …

이제 하느님께서 몸소 왜 나를 위해 현재 내가 누리는 이 삶을 선택
하셨는지를 조목조목 설명해 주시는 것을 듣는다 …

코미디

외딴 산꼭대기에 올라가 종일 혼자 지낸다.
어떤 주제를 …
내 삶의 어떤 측면을 …
어떤 사람들을 …
지금 이 여가 중에 택하여 생각할까?

잠시, 이것들을 결정한다 —
결실을 맺을 수 있는 방식으로 …

2천 년 전에 뛰어났던 사람들 중 몇 사람 이름이나 상기할 수 있나?
…
또는 5천 년 …
만 년 전에? …

고대 그리스의 생활 장면을 그려 본다 …
또는 로마 …
또는 이집트 …
인도 …
중국 …

미국 …

정사情事와 전쟁 …

출생과 죽음 …

왕정과 혁명 …

관습과 미신 …

평민의 일상 …

그런 다음, 시간이 흐름에 따라 이 모든 사람들과 문화에 대한 추억
들이 얼마나 좀먹게 되었나 본다 …

이제 우리 시대의 어떤 뛰어난 이들이 …

어떤 사건들이 …

지금부터 만 년 후에 역사책에 실릴 것인지 결정한다 …

그리고 내 존재가 그때 가서 인류 역사에 어떤 영향을 미치게 될지
결정한다 …

멀리 외계로 여행한다 —

지구가 우주에 떠서 지축을 돌고 있는 밝은 색의 작은 테니스 공처
럼 보일 때까지 …

될 수 있는 한 오랫동안 그 공을 바라본다.
그 광경이 내게 도움이 될 테니까 …
그 쬐그만 공의 표면에서 찾아본다 ―
도시를, 강을, 비행장을, 교회를 …
전쟁을, 축제를 …
사랑과 미움을 …

그런 다음 나와 나의 업적들을 찾아본다 …
그러고 보니 나 자신이 합당한 크기로 작아 보이고 그 거리 덕분에
안도감을 느끼게 된다 …
그리고 다시금 진심으로 웃게 된다.
― 특히 나 자신을 보고 웃을 수 있는데, 이거야말로 고독이 주는 복
된 선물이다!

일상생활의 틀로 돌아가기 위해 산꼭대기에서 내려가기 전에 자문
한다:
"이 지상에서의 내 존재가 어떤 존재가 되길 원하나?"
"오늘 내 삶을 어떻게 살고 싶은가?"
그리고 내 마음 자체가 제안하는 것들에 내 마음을 연다 …

주기

사막 한가운데 어느 잊혀진 종교의 신전이 있다.
그 폐허를 상상하며 주의 깊게 관찰한다 …

그 신전이 서 있던 도시를 본다 …
누가 그 신전을 지었나? …
무슨 목적으로? …
설계도와 설계자와 집 짓는 이들을, 그 돌의 채석장을, 그 돈의 출처
를 본다.
— 그리고 완공이 가까워지면서 나타나는 집 짓는 이들과 사람들의
느낌을 관찰한다 …

신전이 축성되고, 신이 안치되는 날, 그곳에 내가 있다고 상상한다.
나는 행렬 속에 끼어 있다 —
음악, 노래, 봉헌 예절 …
그리고 예식에 참석한 사람들의 눈과 마음을 들여다본다 …

하루는, 눈에 띄지 않게 신전에 앉아서 사람들을 관찰한다. 어떤 이
가 깊은 실의에 빠져서 들어온다.
그가 속으로 무슨 생각을 하고 있는지 본다 …

그리고 그의 믿음의 결과를 …

다른 이가 묵상하러 온다. 그는 하느님과 평화를, 그리고 존재의 의미를 추구하는 사람이다.
그는 어떤 방법에 따라 추구하고 있나? …

여기 하느님과 사랑에 빠진 한 여인이 들어온다. 이 여인은 무슨 동기에서 이렇게 되었나? 이 여인은 자신의 사랑을 어떻게 표현하나?

신자들이 끝없이 줄지어 들어오는 것을 본다 —
특별한 은혜를 빌러 오는 사람, 온갖 악에서의 보호를 청하러 오는 사람 …

사제들을 본다 —
그들은 어떤 사람들인가? …
어떤 종류의 생활을 하나? …
그들의 신념과 믿음은? …

마지막 절정에 달했을 때의 신전을 바라본다 —

180..샘

종이 울리며 온 마을에 기도 시간을 알려 주고 잦은 봉헌이 신전의
성스러움을 기리며 사제들이 매일 그 신성한 예절을 거행할 때를 …

그러나 냉혹한 쇠퇴일로의 날이 오고야 만다.
무슨 일이 일어나나?
사람들이 다른 종교로 개종하나?
흑사병과 기근이 휩쓸어 어쩔 수 없이 사람들이 이주하게 만드나? …

그 신전이 소홀히 되어 가는 과정을 본다 …
드디어 신자도 사제도 없어지고 …
근처에 아무도 살지 않게 되고 …
해와 바람과 비에 건물이 파괴되어 간다 …

나는 무너져 가는 신전에게 말을 한다 …
그리고 이 고대 신전의 말을 들으면서 내 마음은 지혜로워진다 —
삶과 죽음과 하느님과 역사와 인류에 대해 …
더 깊은 지식을 얻게 되는 것이다.

끝으로 그 신전에게 청한다 —

마음에 간직하고 떠나게 특별히 한마디 지혜로운 말을 해 달라고 …

그리고 작별 인사를 하고 …
떠나간다.

원정

나의 피정이 막바지에 이르러 이 환경에서 지낸 날들을 생각한다 …

여기 왔을 때의 나 자신의 모습을 본다 …
그리고 피정이 끝나 가는 오늘의 …

내 피정의 일부가 되었던 사람들과 장소들을 생각해 본다.
그들 각자에게 감사의 말을 하고 …
작별 인사를 한다 ―
다른 장소에서 다른 사람들이 나를 부르고 있어서 가야 된다고 …

이곳에서 체험했던 일들을 생각해 본다 …
받은 은혜들을 …
이들 각각에게도 감사한다 …

여기서 보냈던 생활양식을 생각해 본다 …
분위기 … 하루 일정 …
그들에게도 작별 인사를 한다 ―
다른 종류의 삶이 나를 기다리고 있다고, 다른 은총들이, 다른 경험
들이 …

사람들에게,

장소에게,

물건에게

사건에게

경험에게

그리고 은총에게 작별 인사를 할 때, 나는 삶의 중대한 명령을 받아 그렇게 한다. 살아 있고자 한다면 매 순간에 죽는 것을 배워야 하는 것이다 —

곧, 작별하여 떠나보내고 나아가는 것을.

이 일을 하고 나서, 미래를 향해 돌아서서 "환영하오!" 하고 말한다. 내일 이곳을 떠나 하게 될 여행을 상상하면서 "환영하오!" 하고 말한다.

나를 기다리고 있는 일들을 생각해 본다 …

만나게 될 사람들을 …

앞으로 살게 될 삶의 유형을 …

내일 일어나게 될 사건들을 …

그리고 팔을 뻗치며 미래의 요구들을 환영한다 …

무아경

삶의 모든 풍요로움을 바라보고자 사고의 차원보다는 더 깊은 차원
에서 감동을 추구한다.

이를 위해, 대조적인 장면들을 관조한다.

아기의 탄생 …
부모의 기쁨과 경이감 …
축하연 …

다음엔 죽음을 관조한다 …
슬픔, 상실감 …
장례식 …
각 장면을 거듭 왔다 갔다 하며 자세히 관찰한다.

다음 쌍은 결혼식장과 암병동.
역시 각 장면을 관조하면서 세밀히 관찰한다 …
결혼식장에서 암병동으로 거듭 옮겨 다니며 생각을 피하고 보기만
으로 만족한다 …

다음에는 운동 경기장 ―
군중 … 선수들 … 환호 소리 … 흥분 …

그러고는 양로원 ―
창가에 앉아 지난 일을 회상하는 노인 …
한 장면에서 다음 장면으로 옮겨 다니며 각 장면에 나오는 사람들의
마음을 들여다본다 …

그다음, 사치스런 호텔의 수영장 ―
반짝이는 물 … 즐거운 소리들 … 밝은 햇빛 …

그러고는 가난한 이들이 사는 판자촌 ―
악취 … 땅바닥에 자는 사람들 … 쥐와 벌레 …
생각하지는 않고 그냥 관조하면서 각 장면의 분위기에 젖어든다 …

내각 회의를 지켜본다 ―
다른 사람들의 생활에 영향을 주는 집권자들 …
이와 대조하며 고문실을 자세히 관찰한다 …

그런 다음 지구에서 물러나 이 광경들을 보고 무수한 다른 장면들도 함께 본다 …

그리고 비록 이해할 수는 없으나 그 장면들 전체가 하나의 심포니를, 하나의 조화된 춤을 이루고 있음을 본다.
출생과 죽음,
웃음과 눈물,
기쁨과 고통,
덕과 악 —
이 모든 것이 하나의 프레스코를 이루며 비길 데 없이 아름답게 어우러져 내 사고의 이해력을 훨씬 초월해 있다 …

다시 유아 세례식과 장례식 장면에로 돌아온다 —
결혼식장과 암병동, 경기장과 양로원으로 …
그리고 그들을 같은 멜로디의 다른 음표로 …
한 춤의 여러 동작으로서 바라본다 …

예수님과 유다를, 희생자들과 박해자들을, 살인자들과 십자가에 못 박힌 이를 본다 —

대조적인 음표로 이루어진 한 멜로디를 …
다른 동작으로 움직이는 한 춤을 …

나를 싫어하고 공격하는 사람들을 생각하며 그들과 내가 다름을 본다.
하지만 둘은 아닌 것이니 …
우리는 한 과제를, 한 춤을, 한 예술품을 이루고 있기 때문이다 …

내 삶의 변화를 관조한다 —
그 변하는 기분, 그 기복을 …
내 삶에 영향을 미치는 악인과 선인들, 사랑하는 이들과 사랑하지
않는 이들을 …
한 댄서가 추는 한 춤의 여러 동작들을 …

끝으로, 주님 앞에 선다. 그분을 바로 그 댄서로서 보고 우리가 삶이
라고 부르는
이 모든 광란,
이 모든 실성,
이 모든 신명,
이 모든 고뇌,

이 모든 현란을 그분의 춤으로 본다 …

그러고는 말을 잃고서 이해하지 못한 채 그 경이로움에 넋을 잃고
서 있다!

사 랑

지성소

이제 내 마음의 성전으로 들어간다 …

그리고 이날의 이 시간에 …
또는 현재의 내 기분에 …
부합해 보이는 기도 형태를 생각해 낸다.

그 성전 안에 사람들을 모신다 —
나를 사랑으로 변화시킨 사람들을 …
그리고 내가 사랑으로 변화시킨 사람들을 …

기도 끝에 그들 각자에게 손을 얹고서 기도 중에 받은 하느님의 은
총을 함께 나눈다 …

이 가운데 몇 사람에게나 말할 수 있을까? —
"나는 나에 대한 당신의 사랑이 영원히 지속되리라고 확신합니다"
라고.
"당신은 당신에 대한 내 사랑이 사라지지 않으리라고 확신할 수 있
습니다"라고.
사랑을 확신할 수 있는 한 사람을 선택한다.

내가 그의 사랑을 느꼈던 시절로 되돌아가서 …
상상 속에서 그 순간들을 다시 살고 …
그 사랑이 주는 기쁨을 느끼면서 …
될 수 있는 한 오래 그 안에 머문다 …
그렇게 함으로써 나는 사랑을 들이마신다 —
— 생명을 그리고 하느님을.

이제 현실로 돌아와서 이 사람을 본다.
살아 있든 죽었든 그는 내 앞에 앉아 있다 …
우리는 손을 잡고 있다 …
그의 사랑이 내 안으로 흘러 들어오게 한다 …
그리고 그 사랑에서 힘을 얻는다고 상상한다 …

내 사랑이 그 사람 안에 흘러 들어가게 한다 …
두 사랑의 흐름이 서로 흘러들면서 우리 주위에 사랑의 분위기를 만
들어 낸다 …

시작했을 때처럼 이 묵상을 성전에서 마친다 —
사랑은 거룩한 것, 하느님은 사랑이시기에.

원천

나의 갈증들을 깊이 느껴 보고자 한다 —

행복에 대해 …

평화 …

사랑 …

진리 …

무엇인지는 모르나 나를 초월한 그 무엇에 대해.

이 갈증을 표현하는 성경 구절들을 암송한다.

첫째 대목은 하나의 **외침**이다:

"하느님, 내 하느님, 당신을 애틋이 찾나이다. 내 영혼이 당신을 목 말라하나이다"(시편 62).

　　각 구절을 만트라식으로 반복하여

　　그 말이 내 마음속에 스며들게 하면서

　　그중에서 특히 마음에 와 닿는

　　말이나 구절 하나에 집중한다.

　　그리고 그것이 상징하는 이미지나 장면을

　　(어쩌면 나 자신의 역사에서) 떠올린다.

둘째는 **초대**다:
"목마른 사람은 다 나에게 와서 마시라"(요한 7장).

셋째는 **약속**이다:
"내가 주는 물을 마시는 사람은 영원히 목마르지 않으리라. 내가 주는 물은 그 사람 속에서 샘처럼 솟아올라 영원히 살게 하리라"(요한 4장).

마지막은 **성취**다:
"성령과 신부가 '오소서' 하고 말씀하십니다. 누구든지 이 말씀을 듣는 사람도 '오소서' 하고 외치게 하십시오. 목마른 사람은 모두 오게 하십시오. 누구든지 생명의 물을 원하는 사람은 거저 마시십시오. 아멘. 오소서, 주 예수여"(묵시 22장).

고별

내 몸을 느껴 본다 …
그 유쾌하고 불쾌한 감각들을 …

죽어 갈 때의 내 몸의 형태를 생각해 본다 …
아기 때부터 죽을 때까지 더불어 산 이 몸을 그때는 어떻게 느끼게
될까? …

내가 죽어 가고 있다고 믿어 본다 …
모든 사람들과 작별한 후에 …
내 몸과도 작별하며 각 부분에게 감사와 사랑의 말을 한다.

두 손을 보고 먼저 인사하면서 그들이 내게 무엇을 의미했는지 생각
해 본다.

기도하던 손:
경건히 묵주알을 굴리고 기도서를 만지던 손 …
청하고 경배하고 …
더 깊이 정신을 집중하기 위해 모으던 손 …
기도할 때 손이 없었더라면 열심이 덜했을까?

사랑하던 손:
손을 통해 내 사랑이 사람들에게 전달되던 장면들이 수없이 떠오른
다 ─ 쓰다듬고 … 위무하고 …
붙잡고 … 보호하고 …
격려하고 … 이해하고 …
손이 없었다면 삼라만상을 덜 사랑했을까?

봉사하던 손:
씻어 주고 … 간호하고 …
짐을 나르고 …
사실 이 손들이 없었던들 수많은 형태의 봉사를 못하고 말았으리라.

창조하던 손:
정원을 가꾸고 … 요리하고 …
그리고 장식하고 … 연주하고 …
손이 없었더라면 인생이 덜 즐거웠을까?

살아남기 위해 일하던 손:
나 자신을 먹이고 입히고 씻기고 치유하기 위해 얼마나 끊임없이 내

손을 사용했던가 …
넘어지는 것을 막고 위험에서 피하며 …
원하는 곳에 다다라 욕구를 만족시키기 위해 …

나를 형성하는 데 있어서 손의 역할을 보며 …
깊은 감사의 정을 느낀다.

그런 다음, 내 몸의 다른 감각과 사지와 기관에 대해 같은 식으로 생
각해 본다 …

교육

복음서는 예수께서 베드로를 돌아보시던 이야기를 전한다 —
그 눈길이 베드로의 마음을 바꿨다(마태 26,75).

예수께서 오늘 세상에 다시 오신다면, 제일 먼저 무엇을 보고자 하실까? …

맨 먼저 그분의 눈길을 끄는 것은 인간 안에 넘치는 선량함이라고 상상한다. 마음 좋은 사람은 도처에서 선량함을 보고, 마음 나쁜 사람은 악을 본다 —
우리는 다른 사람들 안에서 우리의 모습을 비추어 보기 쉽기에.

예수의 눈길은 모든 인간 안에 숨어 있는 사랑과 정직함과 선량함을 드러나게 한다.

그분께서 어떤 창녀를 바라보시는 것을 본다 …
그리고 그녀 안에서 좋은 면들을 찾아내실 때의 그녀의 모습을 바라본다 …
무정한 세리들을 …
간음한 여인을 …

200..샘

옆의 십자가에 달려 있는 도둑을 …
바라보시는 것을 보고 배운다 — 바라봄의 모든 기술을!

예수께서는 악을 보시면 꼬집어 나무라시고 의문의 여지도 없이 단죄하신다.
다만, 내가 악의를 보는 곳에서 예수께서는 무지를 보신다.

돌아가시는 순간에 예수께서 바리사이들한테 대한 화를 거두시는 것을 본다. 그분은 표면적인 악의의 이면을 보신다:
"아버지, 저 사람들을 용서하소서. 그들은 무슨 짓을 하는지 알지 못하옵니다"
충분히 시간을 가지고 그분을 바라보면서 그분의 말씀을 듣는다 — 내 마음이 배우게끔 …

이제 직접 세상을 바라본다.
낯선 이를 만날 때마다 …
또는 일단의 사람들 속에 끼어들 때마다 …
각 사람의 선량함을 본다고 상상한다.

함께 살며 일하는 모든 사람들을 바라본다 …
그들 각자 안에서 얼마나 많은 선량한 면들을 볼 수 있나? …

예수님처럼 그들 안에서 선함을 보지 않는 한 나는 "악한" 사람들을
사랑할 수가 없다 …
내가 싫어하는 사람들도 …
그래서 예수께서 여기 내 옆에 계시면서 그들을 새롭게 보도록 가르
치신다고 상상한다 —
무지함을 알아내고 정상을 참작하도록 …

그런 다음 그들 각자에게 이런 말을 한다:
"당신의 행동은 정녕 악하지만, 그러나 당신은 착한 사람입니다"
또는 "나는 당신이 행하는 악을 단죄하지만, 그러나 당신을 비난할
수는 없습니다. 당신은 무슨 짓을 하고 있는지 모르니까요 …"

예수님의 사랑 어린 눈길을 느껴 보며 이 묵상을 마치자 …
그분의 눈을 들여다보며 그분께서 내 안에서 알아내시는 그 선량함
을 보고 깜짝 놀란다 …
나는 나의 모든 잘못을 탓하는 경향이 있는데 —

— 그분은 내 죄를 가차없이 단죄하시지만, 죄인을 단죄하는 일은
완강히 거부하신다.

처음에는 그분의 사랑 어린 눈길을 피하게 된다 —
그분의 눈길은 너무나 용서에 넘치고 나는 나 자신이 미워 견딜 수
가 없기에 …
그러나 그분께서 나를 바라보시듯이 나도 다른 사람들을 바라보는
것을 배우려면 나는 그 눈길을 견디어 내야 한다 …

물길

하느님께 나를 그분 사랑과 평화의 통로로 써 주십사고 기도한다 …

그런 다음, 이러한 내 마음의 기도를 담은 기도문을 작성한다 —
"나를 평화의 통로로 써 주소서"와 같은 …

그 기도문을 잠시 암송한다 …
맥박의 리듬에 …
또는 호흡에 맞추어서 …

내가 하느님 은총의 통로가 되는 것을 가장 방해하는 두 가지 요소
는 소음과 죄다.

그래서 소음의 대책으로 침묵부터 추구한다. 호흡 또는 몸의 감각을
의식하게 됨으로써 …
모든 생각, 모든 내적 이야기들을 침묵시킨다 —
만트라도 예외로 삼지 않고.

그런 다음 마음에서 죄를 씻어 버리고자 한다.
원망, 화, 탐욕, 집착, 질투, 심지어 가벼운 혐오감과 짜증까지도 …

모두 주님 앞에 내놓고 주님께 청한다 —
그런 것들을 내 마음에서 씻어 주십사고, 그래서 나를 통해 그분의
은총이 방해 없이 흘러 나갈 수 있게 해 주십사고 …

소음과 부정적 측면에서 벗어난 다음, 내 안에 사랑과 평화의 물줄
기가 솟아오르고 내 존재 안에 가득 차더니 밖으로 넘쳐흐르는 것을
상상한다 …

먼저 그 물줄기를 내게 소중한 사람들 쪽으로 흐르게 한다 …

그다음, 오늘 내가 만나게 될 사람들 쪽으로 …

이제, 나를 반대하는 사람들 …
또는 나를 싫어하는 사람들에게로 …
그리고 내가 싫어하는 사람들한테로 …

마지막으로, 그 물이 우주의 삼라만상에게로 닥치는 대로 풍족하게
흘러가게 한다 —
동물과 새와 나무와 무생물 그 모두에게로.

해돋이

주위의 모든 소음을 의식하기 시작한다 …
그리고 내 주변의 땅, 나무 …
이 방, 가구 …
그런 다음 내 몸 …
그리고 내 호흡 …

이제 숨을 내쉴 때마다 예수님 이름을 부른다 — 천천히 평화롭게 …

햇빛이 아무리 밝아도 은총만이 없앨 수 있는, 만유의 핵심에 도사린 어둠을 상상한다.

그 어둠을 몰아내기 위해 나는 치유될 필요가 있는 내 몸의 각 부분(심장 … 머리 … 사지 … 감관들 …)에 대고 예수님의 이름을 말한다. 그리고 각 부분이 은총으로 타오르며 생기를 띠는 것을 본다 …

그런 다음 내가 살아 움직이며 존재하는 은총의 분위기를 조성한다.
우선, 내 방의 벽들 …
가구들 …
그것들을 예수님의 이름으로 빛나게 만든다.

그다음, 오늘 내가 사용할 모든 것 ―

책과 펜 …

옷 …

구두 …

주방의 칼붙이, 그릇 …

먹을 음식 …

마시고 씻을 물 …

땅 …

나무 …

새 …

모든 것이 예수님의 이름으로 은총이 충만하게 되고 빛나게 된다.

이제, 오늘 내가 만날 모든 사람 위에 …

그분의 이름을 말하고 그들이 건강과 은총으로 빛나는 것을 본다 …

마지막으로, 그 이름을 지구에 대고 부른다 …

거기 사는 모든 이들에 …

해, 달, 우주 …

그리고 온 우주의 무한한 공간에 …

축성

오늘 나의 피정이 끝나게 된다. 작별 인사를 하고 나서 내 마음의 지성소로 들어가 떠나기 전에 주님의 축복을 청한다 …

그분 발치에 앉아 조용히 그분 이름을 왼다 …
이때 가슴에 차오르는 감정에 유의한다 …
그리고 그분의 이름을 부를 때 내가 정녕 그분께 무슨 말을 하고 있는지에 …

그런 다음 나 자신과 내 몸의 모든 부분을 — 영혼, 마음, 생각, 몸을 — 예수님의 이름을 외어서 축성한다 …

이번 피정에서 내 체험의 일부가 되었던 사람, 장소, 사건, 물건 들을 돌이켜 보며 …
감사하는 마음으로 그들 각자 위에 예수님의 이름을 왼다.

이곳 마당에서 내가 좋아하던 곳들 …
그리고 이 부근에서 좋아하던 곳들 …
이곳에 오게 될 다른 사람들이 축복을 받도록 이곳에 그분의 은총이 가득하게 한다.

내 방을 … 가구를 … 축성한다 —
앞으로 사용할 사람들을 위해 은총이 충만하게.

이 집의 다른 장소도 똑같이 축성한다 —
식당 …
부엌 …
성당 …
복도 …
도서실 …
샤워실 …

마당에 있는 나무들도 축성한다 — 그 그늘을 찾는 모든 이들 역시
나처럼 거룩한 보호를 받도록 …
그리고 새들도 축성한다 —
그들의 노래가 내게 해 준 일들을 그들에게도 해 주도록 …

내가 받은 체험들 — 내적 통찰들, 은총이 충만한 순간들 — 그것들
도 결실을 맺게 되길 바라며 축성한다 …

이곳에서 내 체험의 일부가 되었던 사람들을 축복한다 …

그다음 미래를 내다본다 —
일어날 듯한 사건들 …
하게 될 활동들 …
만나려는 사람들 …
그들을 예수님의 이름으로 축성하면서 그 이름을 나보다 앞세워 보내다 —
내가 어디를 가든 보호받고 강해지고 생기를 띨 수 있도록 …

강복

오늘은 남을 위해 기도하기로 마음먹는다. 그러나 내 마음이 여전히 사랑하지 않고 나 자신이 마음의 평화가 없다면 어떻게 평화와 사랑의 선물을 나누어 주랴?

그래서 내 마음에서부터 시작한다. 내 마음속에 여전히 숨어 있는 원망, 분노, 쓸쓸함의 감정들을 주님 앞에 하나씩 내놓고 …
그분의 은총으로 내 마음이 지금 당장은 아니더라도 언젠가는 사랑을 낳을 수 있게 해 주십사고 청한다.

그런 다음 평화를 추구한다. 내 마음의 평화를 방해하는 걱정들을 꼽아 보고 …
그런 것들이 주님의 손안에 있다고 상상하면서 적어도 기도하는 이 시간 동안이나마 근심에서 벗어나서 쉴 수 있기를 바란다.

그런 다음 침묵이 가져다주는 깊이를 추구한다 —
침묵에서 솟아나는 기도는 힘차고 효과적이기에.
그래서 내 주위의 소음에 귀를 기울인다 …
또는 내 몸의 느낌과 감각을 의식하게 된다 …
또는 숨을 들이쉬고 내쉬는 것을 …

먼저, 내가 사랑하는 사람들을 위해 기도한다 …
"해로움과 악에서부터 안전하시기를" 하고 축복의 말을 한다 —
내 말이 그들 주위에 은총의 보호막을 이루어 준다고 상상하면서.

그런 다음 내가 싫어하는 사람들과 …
나를 싫어하는 사람들에게로 옮겨 간다 …
"너와 내가 언젠가는 친구 되기를" 하고 그들 위해 기도한다 —
이것이 실현되는 미래의 장면들을 상상하면서.

아는 사람 중에 불안한 사람들과 …
우울한 사람들을 생각한다 …
"평화와 기쁨을 찾으시기를" 하고 그들 각자에게 말한다 —
그들에 대한 내 희망이 실현되는 것을 상상하면서.

장애자들과 … 고통 중에 있는 이들에게 …
"힘과 용기를 얻으시기를" 하고 말한다 —
내 말이 그들 안에서 활기의 원천을 터놓아 주는 것을 상상하면서.

외로운 사람들을 생각해 본다 —

사랑이 아쉬운 사람들 …
또는 사랑하는 이들과 떨어져 있는 사람들을 …
그리고 그들 각자에게 말한다:
"하느님의 변함없는 우정을 누리시기를"

나날이 죽음이 다가오는 현실에 직면해야 하는 노인들을 생각하며
… 그들 각자에게 말한다:
"즐겁게 생을 놓아 버릴 수 있는 은총을 얻으시기를"

젊은이들을 생각하며 … 이 기도를 왼다:
"그대 젊음의 약속이 이루어지고 그대의 삶이 보람차기를"

끝으로 나와 함께 사는 사람들에게 말한다:
"나와 당신의 접촉이 우리 둘에게 은총이기를"

이제 내 마음속으로 돌아와서 잠시 쉰다 —
거기서 내가 찾는 고요 속에서 …
그리고 다른 사람들을 위해 기도한 결과로 내 안에 살아난 사랑 어
린 느낌 속에서 …

경축

이 묵상의 준비로 읽는다:

마태 26,26-30; 루가 22,14-19; 요한 13-19장

예수께서 나한테 말씀하신다고 상상한다:
"오늘 밤 함께 저녁 먹을 자리를 마련하여라"
나는 장소를 선택한다 …
이 예사롭지 않은 저녁 식사에 누구를 초대할까? …
내 친구들과 나는 무슨 준비를 해야 하나? …

드디어 시간이 되었다. 방과 음식, 빵과 술 그리고 내가 초대한 친구들을 본다 …

예수님을 내 친구들에게 소개할 때 그들 각자를 위해 형용사를 생각해 낸다. 예를 들면, "이 친구는 독실한 요한이에요, 사랑이 많은 앤이고요, 온화한 요셉 …"

그러자 예수께서 각자에게 사랑을 표시하시고 …
식사가 시작된다.

잠시 후에 예수께서 빵을 쪼개시어 …
우리 각자에게 돌아다니며 그 빵을 권하시고 한 말씀씩 하신다. 나에게는 뭐라고 하시나?

빵을 먹고 나서, 식사가 계속된다. 예수께서 자주 말씀하신다. 어떤 때는 우리 질문에 대답하시고 어떤 때는 묻지도 않은 것을 말씀해 주신다.

사랑에 관해서 말씀하신다 …
마치 나 혼자에게 말씀하시는 것 같다 …

제자 신분에 대해 말씀하신다 …
그리고 반드시 거기에 수반될 박해에 대해 …
우리는 이 말씀이 우리 생활 안에서 구체적으로 무엇을 의미하는지 여쭈어 본다 …

이어서 그분은 평화에 대해 말씀하신다 …
나 자신은 그 평화를 얼마나 지니고 있나? …
그리고 어떤 장애물로 그것을 막고 있나? …

예수께서 기쁨에 대해 말씀하신다 —
그분의 신비스런 현존에서 오는, 아무도 빼앗을 수 없는 …
그래서 우리는 이 기쁨에 대해 여쭈어 본다 …
이 "현존"에 대해 …
그리고 나는 살아가면서 이러한 것을 느꼈던 순간을 상기해 본다 …

우리는 이 식사가 어떤 신비스런 방식으로 그분과 우리의 생존에 연결되어 있음을 안다 —
고통과 죽음과 부활에.
우리는 이에 대해서도 그분과 이야기한다 …

식사가 거의 끝났다. 예수께서 술잔을 들고 거룩한 말씀을 하시더니 그것을 우리 각자에게 권하신다. 권하시면서 다시 한 말씀씩 하신다. 나한테는 뭐라고 하시나?

술을 마신 후에, 방 안은 침묵에 휩싸인다. 그러자 예수께서 나와 내 친구들을 위해서 큰 소리로 기도하신다 …
우리가 일치되기를 기도하시는 것을 듣는다 …
우리가 어디에 있든지 일치를 조성하기를 …

떠나야 할 시간이다.
예수께서 찬미가를 선창하시자 모두 일어선다 …
노래를 부르면서, 나는 마음속에서 내가 예수님과 내 친구들을 위해
준비한 이 식사를 통해 느끼게 된 감정들을 음미해 본다 …

순례자

"집"이라는 단어가 내 안에 자아내는 느낌과 연상 속에 머문다 …
나의 어린 시절과 나의 집과 관련되는 몇몇 시간들을 다시금 살아
본다 —
기쁨과 자유의 시간들 …
어쩌면 공포와 슬픔의 시간들을 …

내가 결혼을 했더라면 살고 있을 그런 종류의 집을 상상해 본다 —
내 배우자가 되었을 뻔한 사람을 …
그리고 배우자가 되었을 나를 …
우리는 자녀를 몇이나 두었을까? …
이름은 각각 뭐라고 지었을까? …
어떤 종류의 집에 살았을까? …
어떤 분위기를 꾸몄을까? …

이제 집이란 내 마음이 있는 곳임을 생각한다.
오늘 내 마음은 어디에 있나?
어떤 사람 안에, 어떤 장소 또는 어떤 직업 안에?
하느님께서 내가 지구에서 가고 싶은 곳에 당장 갈 수 있는 능력을
주신다면, 나는 어디로 갈까?

지금 내가 그곳에 간다고 상상하고 나의 이 특별한 "집"한테 내가
무엇 때문에 거기로 이끌리는지 설명한다 …

어쩌면 나는 집이 한 개 이상일 것이다. 그래서 그들 각각과 같은 식
으로 대화한다 …

이제 내 꿈속의 집으로 돌아가서 배우자에게 나는 결혼하지 않을 것
이라며 이유를 설명한다 …
내 첫아이에게 너는 태어나 내 팔에 안겨 보지 못할 것이라며 왜 그
래야 하는지 설명한다 …

또한 내 꿈속의 집과도 대화를 한다 …
그리고 그 집과 작별 인사를 할 때 …
배우자와 아이들에게 작별 인사를 할 때 …
나의 느낌을 의식한다 —
그들이 존재하지 못할 것에 책임을 느끼면서 …

그런 다음 내 마음이 날아갈 수 있다면 날아갔을 그 각 집들에로 돌
아간다.

그리고 그 각 집이 감옥이 될 수도 있음을,
자유, 생명, 성장의 적이 될 수도 있음을,
날개로 날아가기보다는 주저앉도록 유혹하는 편안한 둥지가 될 수
도 있음을 본다 …

그래서 사랑이 어린 말로 그들 각각에게 설명한다 — 나는 지켜야
할 약속이 있기 때문에 머물러서는 안 되며 쉴 수가 없다고 …

상상 속에서 내가 집으로부터 나와 새로운 지평선으로 향하고 있음
을 본다 …
그리고 기쁘게도 주님께서 여기 이 길에서 내 옆에 걷고 계심을 발
견한다. 그분은 내가 생기 있고 자유롭게 살고자 한다면, 동행 없이
걷는 데 대한 두려움을 떨쳐 버려야 한다고 일깨워 주신다. 내가 어
디를 가나 주님께서 거기에 계시어 나의 영원한 안식처가 되어 주시
리라고.
— 그렇다면 결국 삼라만상 모두가 나에게 집이 될 것이라고.

주님과 나는 언덕길에 오른다. 나는 저만치 멀리 서 있는 내 집을 마
지막으로 보기 위해 돌아선다.

— 내가 날 수 있는 힘을 기르기까지는 머물러 살도록 운명이 결정
지어 준 그 보금자리를 보자 내 가슴에는 감사와 사랑의 정이 솟구
친다 …

재결합

오늘 온종일 산꼭대기에서 홀로 지낼 기회가 주어졌다고 상상한다 …
그리고 이에 대한 나의 반응을 관찰한다 …

고독은 함께함이다.
바로 고독 속에서 나는 나 자신과 함께 있다 —
삼라만상과 함께 그리고 존재와 함께.
고독 밖에 있을 때 나는 흩어지고 조각난다.

산꼭대기에서 나는 나 자신에서부터 시작한다.
애정을 가지고 내 몸을 의식하게 된다 —
그 자세를 …
안락한 또는 불편한 상태를 …
현재의 "기분"을 …

나의 각 부분에 내 의식이 머문다 —
각 사지 …
각 감각 …
각 기관 …
들이쉬고 내쉬는 호흡 …

폐의 활동 …

심장 …

피 …

뇌 …

그리고 온갖 다른 기능들 —

시각 …

청각 …

미각 …

후각 …

촉각 …

사고 …

의지 …

기억 …

느낌 …

산마루에서 내려오기 전 삼라만상을 바라보며 가슴에 끌어안는다 …

새와 동물을 사랑한다 …

나무 …

해 …
공기 …
구름 …
풀 …
산 …
강 …
바다 …
지구 …
별 …
우주를 …

내가 사는 방을 사랑한다 …
내가 사용하는 가구를 …
부엌 …
불 …
음식을 …
내가 마시고 얼굴에 끼얹을 시원한 물을 …

먼 거리의 왕래를 사랑한다 …

길 …

들 …

공장 …

집 …

극장, 가게, 음식점들을 …

오늘 만날 사람들을 사랑하며 각 사람을 내 가슴에 끌어안는다 …

온 지구 구석구석의 모든 사람을 사랑한다 …

옛 사람들도 …

미래에 태어날 사람들도 …

― 고독 속에서는 이렇게 할 수 있는 의식과 깊이를 얻게 되기에.

침 묵

보물

예수님의 이름을 속으로 외어라 …

그로써 너는 주님께 무슨 말을 하고 있나? …

너는 약하다고 상상하라 —
그 이름이 네게 힘을 주는 강장제라고 …
너는 그 이름을 욀 때마다 그 강장제의 효력이 증가함을 느낀다 …

네 주위와 내면에 온통 어둠이 가득한데 …
그 이름이 그 어둠을 몰아내니 …
내적으로 너는 빛나게 되고 …
외적으로는 마치 그 이름이 너의 길을 밝혀 주는 것 같다 …

그 이름이 너에게 방패가 된다고 상상하라 —
모든 악을 쫓아 버리고 해로운 일에서 보호해 주는 …

융해

네 존재의 밑바닥으로 내려가서 거기서 심장의 리듬에 맞추어 암송
되는 어떤 만트라를, 어떤 단어를 찾아내라 …
그것은 곧 너의 열망과 사랑의 표현이다 …

처음에는 어렴풋이, 그러다가 점점 크게 들린다 …
심장, 머리, 사지, 배에서 …

그 단어를 발음하지는 말라. 그냥 듣기만 하면서 그 단어가 네 안에
서 울리는 동안 너를 온전하게 만들어 준다고 기뻐하라 …

이제 그 단어가 네 몸의 장벽들을 뚫고 나와 주위의 세계를 침범하
는 것을 보라 — 지구와 하늘과 온 우주를 …

너는 세계의 변방에까지 잔물결을 일으키는 중심이다 …

삼라만상이 너의 심장 고동의 리듬에 그리고 너의 그 숨겨진 말의
리듬에 맞추어 진동하는 것을 보라 …
식물과 새와 돌과 나무와 별과 해가 그 단어를 메아리치고 …
그 단어로 온전하게 되는 것을 보라 …

이제 그 단어 속에 녹아 들어가서 그 말과 하나가 되어라 …
그리고 속으로 온 힘을 다해서 그 단어를 외쳐라 …

애무

살갗의 감각 하나하나를 의식하라 —
정수리에서부터 발가락 끝까지 내려가면서 …

더러는 아무 감각을 느끼지 못해도 상관없다. 느껴 보려는 시도만으
로도 효험이 있을 것이다.

이제 이 각각의 감각이 하나의 생화학적 반응으로서 존재함에는 하
느님의 전능하신 힘이 필요함을 생각하라 …

각 감각이 하느님의 손길임을 상상하라 —
거칠고, 부드럽고, 기분 좋고, 고통스러운 …

이 하느님의 손길이 너를 빛나게 해 주고 치유해 주는 손길임을 상
상하라 …

대양

호흡에 집중하라 …
숨을 들이쉬고 있다는 **사실**을 의식하라 …
그리고 내쉬고 있다는 …

이제 콧구멍을 통과하고 있는 공기의 흐름에 집중하라 —
마치 바다의 간만을 지켜보고 있는 듯이 …

숨을 들이쉴 때 콧구멍 어디에서 공기의 감촉을 느끼나?

내쉴 때는 어디에서? …

한쪽 콧구멍으로 들어가는 공기의 양이 다른 쪽으로 들어가는 양보
다 많은가?

공기가 들어가고 나올 때 온도의 차이를 주시하라 …

이제 너에게 더 깊은 차원인 잠재의식의 차원에서 영향을 줄 상상력
을 사용하라.

나가는 공기는 너의 불순함들이 실린 오염된 흐름이라고 상상하라 …
특정한 죄에 집중하지 말고 그냥 일반적으로 너의 이기심과 공포심
을 생각하라 …

허파를 공기로 가득 채우라 — 숨을 내쉴 때 가슴에서 이 불순한 것
들을 더 잘 내보내도록 …

이제 주의를 돌려 들이쉬기에 집중하라. 대기에 하느님의 현존이 실
려 있다고 상상하라. 생명을 주시는, 힘을 주시는 하느님의 현존으
로 네 허파를 채워라 …

그리고 이렇게 할 때, 네 온몸에 힘이 생기고 빛을 발하게 된다고 상
상하라 …

손님

눈을 감으라. 손바닥으로 두 눈을 가리고 동시에 엄지손가락으로 귀를 막아라. 일이 분 동안 너의 호흡 소리를 들어라 …

이제 눈은 그대로 감은 채, 가만히 손을 내려 무릎 위에 놓아라.
주위의 모든 소음에 귀를 기울여라 —
큰 소리와 부드러운 소리 …
멀리서 들리는 소리와 가까이서 들리는 소리 …

종종, 처음에는 단 한 가지 소리 같았는데 사실은 많은 소리가 혼합된 것임을 알 것이다 …

이제 그 모든 소리들을 분리된 실체가 아니라 모두 한데 어울려 우주를 채우는 하나의 광대한 심포니를 이루고 있는 것으로 들어라 …

소음에 귀 기울이는 것은 강을 바라보는 것처럼 고요를 낳아 너의 하느님 추구에 보람찬 결실을 해 줄 수 있을 것이다.

이번에는 이 수련을 신심적으로 전환해서 하느님께 너의 귀를 빌려 드린다고 상상하라 —

그래서 귀가 없으신 그분께서 삼라만상 안에 당신이 이루어 놓으신
그 화음을 들으실 수 있게 해 드린다고.

너의 귀를 통해 들으시는 하느님을 생각하며 그 생각 속에 쉬어라.

그런 다음 눈을 뜨고 너의 눈을 통해 피조물의 아름다움을 보시는
하느님을 생각하면서 그 속에 쉬어라 …

승복

침묵을 찾으면서 시작하라.

이를 위해, 너 자신에게 돌아오라. 현재로 돌아오라.

너 자신에게 물어라: 나는 이 순간 어디에 있나?

무엇을 하고 있나?

무엇을 생각하고 있나?

내 몸 안에서 무엇을 느끼고 있나?

호흡은 어떤 상태인가?

침묵을 직접 일으키거나 찾을 수는 없다. 다만 깨어 있기를 추구하라 — 그러면 침묵이 나타날 것이다.

이제 이 침묵 속에서 하느님과 대화하고 싶으면 숨을 내쉴 때마다 승복한다고, 놓아 버린다고 상상하라 — 내쉬는 숨마다가 하느님께 "네"라고 말하는 방법이라고 …

오늘 있는 그대로의 너에 대해서 — 하느님께서 너를 만드신 그대로

네가 지니게 된 네 모습에 대해서 "네"라고 …

너의 모든 과거에 대해서 "네"라고 …

너를 위해 미래에 마련된 것에 대해서 "네"라고 …

숨을 내쉴 때마다 놓아 버려라 — 만사 잘될 것이라 의식하면서 …

모든 근심이 멈추게 하고 평화가 그 자리를 차지하게 하라 — 그분 손안에, 그분의 뜻 안에 우리의 평화가 있기를.

빛

하루의 사건들을 돌이켜 보라 —
잠이 깬 순간부터 현재 순간까지 …

맨 첫 사건부터 시작하라:
잠이 깨기.
그것을 밖에서 바라보라 — 중립적 관찰자가 바라보듯이 …

잠이 깨는 외적 사건만 관찰하지 말고 내적 반응을 관찰하라:
생각 …
느낌 …
공상 …
기분 …

그리고 나서, 다음 사건으로 넘어가라 …

그리하여 하루의 모든 부분을 훑어보라 …

너 자신 또는 그 사건을 판단하지 말라. 그냥 바라보라. 비난하지도,
시인하지도 말라. 의식의 빛만으로도 모든 악한 것이 파괴될 것이며

모든 선한 것이 살아나게 될 것이다.

그리고 너의 삶은 빛나고 투명하게 될 것이다.

불꽃

방 안의 불을 끄고 촛불을 켜라. 촛불을 몇 발자국 앞에다 놓아라.

이제 그 불꽃에 집중하라 …
어떤 때에는 불꽃이 춤을 추고 너는 그 미소한 움직임을 관찰한다 …
어떤 때에는 불꽃이 정지된 채 움직이지 않는 것처럼 보일 것이다 …
어쩌면 눈을 감고 상상 속에서 그 불꽃을 바라보는 것이 더 편안하게 여겨질지도 모르겠다 …

불꽃을 바라보면서 그것이 너에게 무엇을 상징하는지 생각해 보라 …
많은 것의 상징일 수 있겠다 …

촛불과 연관된 과거의 추억들이 의식 속에 떠오르도록 허용하라 …

그런 다음 그 불꽃과 대화를 나누어라 —
그 불꽃의 그리고 너의 삶과 죽음에 관해서 또는 일반적인 삶과 죽음에 관해서 …

끝으로 모든 말과 생각과 추억을 제쳐 놓고 침묵 속에서 그 불꽃을 묵상하라 …

그리하여 그 불꽃이 너의 마음에게 어떤 메시지를 안겨 줄 수 있게
하라 —
의식적 생각의 지배에서 벗어나는 어떤 지혜를 …

마지막에 손을 합장하고 절을 하면서 촛불에게 작별 인사를 하라 …
그러고 나서 정중하게 촛불을 끄면서 그 촛불이 너의 마음속에 밝혀
준 것들을, 하루 동안 간직하고 다니게 될 것들을 고마운 마음으로
의식하라 …

여명

새 날을 맞아 깨어나는 자연에 귀를 기울이라 …

자연 속에 침묵과 노래가 어우러짐을 주시하라 —
삼라만상의 노래가 얼마나 다양하며 그 침묵은 얼마나 깊은가! 우주를 감싼 저 영원한 침묵을 자연의 어느 소리도 방해하지 않는다. 저 소리들에 귀를 기울이면 언젠가는 저 침묵을 듣게 될 것이다.

삼라만상이 깨어나면서, 밤의 고요를 활동으로 대치하면서 어떤 감정을 표현하고 있다고 생각하나?

이제 너의 가슴에 귀를 기울여라. 거기에도 음악이 있다 — 너도 자연의 일부니까. 그 노래를 들어본 적이 없다면 너는 정말로 귀를 기울이지 않은 것이다.

귀를 기울여라! 그 노래는 어떤 노래인가?
슬픈 …
행복한 …
희망적인 …
사랑 어린 …?

네 가슴속에도 침묵이 있다. 네가 생각을, 잡념을, 상상을, 느낌을 그 하나하나를 의식한다면, 그 침묵을 느끼지 못할 리가 없다 …

이제 네 가슴의 노래가 자연의 노래와 어우러지는 것을 보라 …

귀를 기울여라. 더욱 민감하게 귀를 기울일수록 더욱 조용해질 것이다. 더욱 조용해질수록 더욱 민감하게 귀를 기울이게 될 것이다.

창문

빗소리에 귀를 기울여라 …

그 소리를 들으니 어떤 연상이 떠오르나? …
어떤 추억이? …

나무들이 빗물을 빨아들일 때 하늘에서 내리는 이 축복의 효과를 관
찰하라 …

그것이 새들에게 미치는 영향을 관찰하라 …

마르고 먼지투성이인 흙 속에 생기를 북돋아 주는 이 물에게 땅이
어떤 반응을 보이는지 관찰하라 …

나뭇잎들을 보라 …
생기가 돋아나는 싱그러운 어린 잎들 …
비가 안 왔더라면 좀 더 오래 붙어 있었을 오래된 잎들 …

구름을 살펴보라 …
어디서 오는지 …

어디로 가는지 …
구름의 여행을 따라가 보라 —
그 발생에서 그 소멸에까지 …

바짝 마른 땅 위에 떨어지는 빗방울들을 보라 …
나무 위에 …
지붕 위에 …
구름 속에서 형태를 갖추지 않고 있다가 …
형태를 갖추며 개체가 되어서는 …
땅에 떨어져 스스로를 잃어버림을 …

창문에 떨어지는 빗방울들을 보라 …
따로 서 있다가는 …
하나의 작은 실개천을 이루고 …
따로 있는 다른 빗방울들을 받아들여 싣고 사라진다 …

똑같은 일이 구름에게도 일어남을 보라 —
나무들에게도
나뭇잎들에게도

새들에게도
동물들에게도
인간들에게도
너 자신에게도 …

우리는 따로 서 있다 …
오로지 삶의 시내 속에 흡수되어 흘러가 버리고자 …

비전

실제 또는 상상 속에서 강둑에 앉아 강물이 흐르는 것을 지켜보라 …
네가 생각 없이 바라볼 줄 안다면 강은 너의 머리가 아니라 마음에
게 말을 하며 너의 영혼 속에 침묵을 창조해 주고 너의 의식적 지성
으로는 결코 포착할 수 없는 어떤 지혜를 이루어 줄 것이다.

또는 기차역에 앉아서 군중이 지나가는 것을 바라보라 …
그들은 너의 시야에 나타났다가는 사라지고 다시는 보이지 않는다 …

또는 나무에서 잎이 떨어지는 것을 지켜보라 …
그리고 썩어서 흙으로 돌아가는 것을 보라 …

등잔을 켜고 불꽃을 바라보라 —
강을 바라보던 식으로 …

또는 향을 피우고서 연기가 대기 속으로 사라지는 것을 바라보라 …

또는 창가에 서서 비를 바라보라 …
비가 네 안에 낳는 특별한 기분을 관찰하라 …
생각 없이! 그냥 보고, 관찰하고, 느끼라 …

한 빗방울이 따로 고립되어 있는 것이 보인다. 그런 다음 주르륵 미
끄러져 내려가 버린다 …

　　그냥 바라보라.
　　그러면 삼라만상이 네게 말해 줄 것이다 —
　　삶과 죽음 …
　　사랑과 …
　　너 자신과 …
　　하느님에 대해서 …

끝으로, 두 팔을 뻗치고 드러누워서 상상하라 —
너 자신이 그저 둥둥 실려 나아가고 있다고 …
빗방울과 나뭇잎처럼 그리고 분향 연기처럼 …
너도 그들처럼 우주의 한 입자粒子이니까.

그러니 보내 주어라 …
너 자신을 풀어 주어라 …
그리고 떠내려가게 하여라 …

거울

중국의 현자 노자가 말했다:
"흙탕물을 그대로 두면 맑아진다"
여기, 물을 고요하게 하는 수련 방법이 있으니 그러면 앙금이 가라
앉을 것이고 사물이 선명하게 보이게 될 것이다.

방 안에 앉아 너 자신의 자세를 의식하라 …
몸 전체를 …
그 각 기관을 …
그리고 각 부분의 감각들을 …

주위의 모든 소리를 의식하라. 생각을, 그 소리와 관련된 생각들을
그것이 아무리 거룩하다 해도 멀리하라 —
그런 생각들은 흙탕물을 일으킬 뿐이니까.

이제 호흡을 관찰하라 —
들어오고 나가는 공기의 흐름을 …
그 흐름의 둑에 앉아서 그 흐름을 주시하라 …
또한 공기가 흘러 들어오기 전의 미소한 멈춤도 관찰하라 …
그리고 공기가 흘러 나가기 전의 잠시 생기는 공간도 …

파수꾼

흙탕물이 고요하면 맑아져서 밤에 달이 또렷이 비친다.

정신을 고요히하라. 생각의 진행을 멈추라. 사고를 직접적으로 멈출
수는 없다. 뭔가에 정신을 집중하는 것이 그 길이다.

그러니 호흡에 집중하라. 호흡을 조절하거나 심화하려 들지 말라.
그냥 호흡을 알아차리기만 하라 …
그것이 낳는 움직임을 알아차리라 —
아무리 미미한 것일지라도
몸 안에 …
허파 속에 …
횡경막에 …

또는 들이쉼을 의식하라 …
그리고 내쉼을 …

정신을 집중하기 위해 속으로 말해도 좋다:
"지금 나는 숨을 들이쉬고 있다 …
지금은 내쉬고 있다 …"

들이쉼과 내쉼의 차이를 의식하라 —
시간의 차이를 …
온도의 차이를 …
흐름의 부드러움과 거침의 차이를 …

생각이나 고려를 하지 말고 그냥 의식하면서 주시하라 —
강물의 흐름을 또는 바다의 움직임을 또는 하늘을 날아가는 새의 길
을 지켜보듯이 …

호흡을 관찰해 보면 어느 두 호흡도 같지 않다는 것을 발견하리라 —
마치 어느 두 사람의 얼굴도 다르고, 해지는 어느 두 하늘도 아주 같
지는 않듯이. 미처 이것을 발견하지 못했다면, 아직 제대로 못 보고
있는 것이다. 흙탕물이 가라앉으면 호흡마다가 역력히 다르고 독특
하리라.

자신의 호흡을 지켜보는 것은 강물을 바라보는 것만큼 매혹적일 수
있다. 그것은 정신을 가라앉히고 지혜와 침묵과 신성함에 대한 느낌
을 일으킬 수 있다.

그냥 바라보기만 하라 —

그러면 선명해지리라. 흙탕물이 투명해지고

— 그러면 너는 보게 되리라.

돌아옴

너 자신에게 돌아옴으로써, 너 자신에게 현존함으로써 시작하라.

성 아우구스티노는 말한다 —
우리는 자신에게로 돌아와서 자신을 하느님께 이르는 디딤돌로 삼아야 한다고.

그러니 집으로 돌아오라. 네가 이 순간 어디에 있는지 의식하라 …
자세는 어떠한지 …
무엇을 생각하고 있고 …
느끼고 있는지 …
감지하고 있는지 …

단 하나의 생각이라도 네가 모르게 떠오르지 못하게 하라 …

또는 아무리 엉뚱한 단 하나의 감정이라도 …

머리끝에서 발끝까지 살갗을 살펴 나가면서 얼마나 많은 감각들을 찾아낼 수 있는가?
— 섬세하고 미묘한 또는 거칠고 분명한 …

이제 주위의 소리들을 알아차리라 …
그리고 듣는 활동이 진행됨을 깨달으라 …
"내"가 듣고 있다는 것을 …

호흡을 가지고도 마찬가지로 하라 …

그리고 감각을 가지고도 …

어떤 생각이나 감상이나 또는 어떤 특별한 통찰도 필요 없다. 자신의 듣는 활동만 의식하라 …
또는 자신의 느끼는 활동을 …
또는 자신의 숨 쉬는 활동을 …
그러면 너는 집으로
— 너 자신에게로 돌아오게 되리라. 그리고 자신이 고요하게 될 것이고 하느님께서 멀리 계시지 않으리라.

도착

정수리부터 아래로 발가락 끝까지 피부 표면의 모든 감각을 알아차리라.

각 부분에 몇 초씩만 머물라 —
머리뼈, 이마, 눈썹, 눈꺼풀, 뺨, 코, 입술, 턱, 귀, 목 등 …

어떤 부분에서 아무 감각도 일지 않거든 거기에 좀 더 오래 머물러도 좋다. 그러나 30초 이상을 머물지 말라. 그런 다음, 거기서 감각을 느끼게 되든 말든 계속 다른 곳으로 옮겨 가라.

드디어 피부 표면의 모든 숨구멍마다에서 감각을 알아내게 되는 날이 오거든, 그때는 의식을 더 예민하게 벼릴 때임을 알라:
즉, 더 "섬세한" 감각들을 알아내라. 그 대부분은 이름조차 붙이기힘들 것이다. 그런 다음, 피부 밑으로 내려가서 거기서 몸속의 감각을 느껴라.

이 일도 가능하게 되거든 다시 머리에서 발끝으로 내려가는 연습을하며, 모든 신체적 감각들을 내내 의식하라 —
다만 이번에는 빨리.

그런 다음 발끝에서 머리로 거슬러 올라가라 —
일 분 이내에 한 바퀴 완전히 돌도록.

한동안 이렇게 한 다음에 몸을 전체적으로 의식하면서 쉬어라 —
(몸의 부분들을 구별해서 따로 의식하지 말고) 수백만 가지 감각들이 살아남을
느끼면서.

이런 알아차림 속에서 오래, 오래 쉬어라 …

자아

자연의 소리에 귀를 기울이라 …
자연의 분위기를 더 잘 느끼게 되도록 …

그 분위기를 접해 보라 …
자연과 조화를 이루라 …
자연은 너 자신의 확장이니까
― 너의 더 넓은 몸이니까.

이것이 신비가들이 몰아의 경지에 도달하고자 애용하던 하나의 비
밀 통로다.
그러니 귀를 기울이라 …
그리고 거기에 맞추어라 …

이제 너 자신에게로 더 가까이 돌아오라.
즉, 너의 몸을 의식하라 …
그리고 그 모든 감각들을 …

그런 다음 호흡을 의식하라 …
콧구멍을 지나가고 있는 공기를 …

폐와 횡경막의 움직임을 …

살갗에 와 닿는 대기를 의식하라 …
더운지 차가운지 …
습기찬지 건조한지 …

이제 네가 숨 쉬고 있다는 사실을 상기하라 —
콧구멍뿐 아니라 모든 숨구멍을 통해서도 …
각 숨구멍을 십만 배 확대해서 그것이 대기와 상호 작용하고 있다고
상상하라 …
공기가 네 속으로 들어가고 있는 것을, 네 몸을 관통하고 있는 것을
상상하라 …
너는 아무 저항도 하지 말면서 …

십만 배 확대된 피부 표면을 — 피부 분자들과 공기 분자들의 상호
작용을 — 관찰하며 다음과 같이 자문하라:
"나는 그 분자들인가? …
나는 그 공기인가? …
나는 그 둘 다인가? …

나는 누구인가? …
나는 **나**인가? …
무엇이 나인가? …"

이 질문을 너 자신에게 집요하게 물어라 —
저들 상호 작용하는 분자들과의 관계에서 …
그리고 네 주위의 모든 자연의 분위기와의 관계에서 …

해방

너의 몸을 전체로 의식하라 …
그리고 여러 부분에서 느끼는 감각들을 …

이제 그 감각들과 몸을 지켜보아 온 그 사람에게 주의를 돌려라.

그 관찰자인 "나"는 관찰되고 있는 그 감각들과 다르다는 것을 깨달
아라.

너 스스로에게 분명하게 말해도 좋다:

"나는 이들 감각이 아니다 …
나는 이 몸이 아니다 …"

이제 호흡을 의식하라 …

그런 다음 그 호흡을 관찰해 온 그 사람에게 주의를 돌려라.

관찰자인 "나"는 관찰되고 있는 그 호흡과 다르다는 것을 깨달아라.

너 스스로에게 분명하게 말해도 좋다:
"나는 그 호흡이 아니다"

네가 생각하고 있는 모든 생각을 의식하라 …
아마 곧 모든 생각들이 사라질 것이고 네가 의식하는 것이라고는 이
한 가지 생각뿐일 것이다:
지금 — 당장 — 내 — 정신 — 속에는 — 아무 — 생각이 — 없다.

이제 저 생각들에 참여하고 있는 그 사람에게 또는 그 생각들을 만
들어 내고 있는 그 사람에게 주의를 돌려라 …

그 관찰자인 "나"는 관찰되고 있는 그 생각들과 다르다는 것을 깨달
아라.

너 스스로에게 분명하게 말해도 좋다:
"나는 그 생각들이 아니다 …
나는 그 사고가 아니다 …"

지금 네가 체험하고 있고 전에 체험했던 어떤 느낌을 관찰하라 —

특히 그 느낌이 부정적 감정이라면, 그러니까 두려움, 근심, 상심, 낙심, 자책 같은 …

그 느낌을 지켜보고 있는 또는 회상하고 있는 그 사람에게로 주의를 돌려라 …

그 관찰자인 "나"는 관찰되고 있는 그 느낌들과 다른 존재라는 것을 깨달아라.

너 스스로에게 분명하게 말해도 좋다:
"나는 그 느낌이 아니다"

묘 목

다음에 실린 문장 중 어떤 것이든 마음에 와 닿는 것이 있거든 그것을 가슴에 품고, 그 속뜻을 곰곰이 생각하라. 그러면 그 속 진리가 싹트고 자라게될 것이다.

그 씨앗을 네 이성으로 억지로 싹틔우려 들지 말라. 그래 봐야 그 씨앗을 죽게나 할 것이다.

그 씨앗을 기름진 땅에 뿌려라. 네 마음속에 심으라. 그리고 시간을 주라.

명예에게 동의하고 환호하라 ─
그러면 너의 자유를 잃을 것이다.
· 왕 ·

창의성을 가지려거든 시간을 낭비하는 기술을 배워라.
· 휴가 ·

예수 그리스도와 유다는 한 춤의 여러 동작이다.
· 무아경 ·

네가 태어났을 때 천사들이 부르던 노래를 들어 보라.
· 대림절 ·

나는 정녕 운이 좋다!
생의 또 다른 하루를 재산으로 받았으니.
· 거지 ·

시장은 침묵을 위해서 수도원만큼 좋은 장소다.
침묵이란 자아의 부재不在니까.
· 샘 ·

사랑하는 이는 사랑받는 이를,
스승은 제자를 창조한다.
· 창조주 ·

하느님께서는 삶이 실패할 때에도
결실을 맺을 때만큼 삶을 사랑하신다.

· 하늘나라 ·

누구에게나 좋은 말을 듣고 적이라고는 없다는 것보다
더 나쁜 고발이 무엇일까?

· 왕 ·

영원한 삶은 여기다. 영원한 삶은 지금이다.

· 구원 ·

고독은 함께함이다.

· 재결합 ·

사람마다 자기 안에 즉각 평화를 줄 힘이 있는
생각들을 지니고 다닌다.

· 중심 ·

경이驚異는 관상의 핵심이다.

· 발견 ·

한순간 만사를 있는 그대로 받아들이는 것이
천 년 동안 독실한 신앙을 지니는 것보다 낫다.

· 깨달음 ·

예수께서 계시는 곳에는
분쟁이 일어날 수밖에 없다.
· 개척자 ·

고독은 엄격함을
겪은 후에도
네가 결코 똑같은 사람은
아닐 것이다.
· 사막 ·

즉각적인 정신의 평화를 바라거든
상상 속에서 천 년 후 지구로 돌아와
네 존재의 잔재를 찾으라.
· 구출 ·

모든 반증에도 불구하고
나는 이 진리를 굳게 믿는다:
내 삶은 세상에게
선물이요 축복이었다.
· 증거 ·

예수 그리스도께서
너를 믿으시느냐?
· 창조주 ·

그 빵을 먹는 일의 본질적인 부분은 그분의 말씀이다.
· 약속 ·

삶은 풀어야 할 문제가 아니라 대답해야 할 질문이다.
삶은 관조하고 감탄하고 감상해야 할 신비다.
· 심포니 ·

너는 침묵 속에서 다시 온전하게 되었다.
· 샘 ·

나는 미래에 무슨 일이 일어날지 생판 모르지만 —
그 아름다움과 그 의미를 보았다.
· 증거 ·

내가 석양이나 달을 또는 만발한 꽃이나
사람들의 얼굴을 본 적이 없다면 오늘의 내가 아니리라.
· 발견 ·

죽어서 눈을 감기 전에 마지막으로 보고 싶은 것이 무엇인가?
· 발견 ·

그분이 너더러 "오라" 하시거든
너를 어디로 부르고 계신지 가만히 생각하라.
· 제의 ·

한 가지 체험만 예증해도 너의 삶은 정당화될 것이다.
· 본질 ·

의심은 믿음의 친구다. 믿음의 적은 두려움이다.
· 창조주 ·

하나의 사건을 완전히 펼쳐 놓고 보라 —
그러면 구원 역사를 보게 될 것이다.
· 성서 ·

자기 생명을 바치고자 하는
어떤 보물을 찾아낼 때,
그때야 정녕 살게 된다.
· 발견 ·

십자가 위의 저 몸은
패배의 비유가 아니라 정복의 비유다.
그것은 연민이 아니라 선망을 불러일으킨다.
· 왕 ·

비 한 방울의 영향을 묵상하라 —
그러면 너의 생애가 인류 역사에 미치는
영향을 알게 될 것이다.
· 코미디 ·

자연은 —
— 퍽도 연약하고 불안전하고 죽음에 노출되어 있건만 —
퍽도 생기 있다.

· 노출 ·

네가 소유욕이 강하다고 느껴질 때,
나는 너를 원망하고 신을 사랑할 수밖에 없다.

· 만남 ·

행복은 내일이 아니다.
행복은 지금이다.

· 구원 ·

활기 있고 자유로우려면 동행 없이 걷는 데 대한
두려움을 떨쳐 버려야 한다.

· 순례자 ·

현실이 너의 고향이다.
그걸 찾아라 — 그러면 더는 외롭지 않을 것이다.

· 순례자 ·

여기에 모든 인간 고뇌의 근원이 있으니:
본질적으로 소멸되는 것을 영원한 것으로 보는 것이다.

· 강 ·

열심한 신자라면
결코 주님과 "싸우기를" 두려워해서는 안 된다.
· 만남 ·

그리스도께서 나를 두고
"이것은 내 몸이다"라고 말씀하실 수 있다.
· 그릇 ·

혼자 걷기를 두려워하기에
아무 데도 이르지 못한다.
· 순례자 ·

내가 음악 소리와 새의 노래와 인간의 목소리를
들을 수 있다면, 그만하면 부자다.
· 깨달음 ·

만일 너의 신이 너를 구하러 오셔서 구출해 주신다면,
바로 그때가 네가 참 신을 찾기 시작한 때다.
· 왕 ·

너의 내적 아름다움은
하느님의 눈을 위해서만 간직되어 있다.
· 발견 ·

하느님께서 너를 사랑하시기 위하여
네가 달라져야 하는 것은 아니다.
· 계시 ·

눈을 감고서 그분이 보이지 않는다고 우리는 말한다.
· 성서 ·

너는 뛰어들어 잠기고 있다 —
빠지고 있는 건 아닌지 확인하라.
· 강 ·

현 순간이라는 신전에서 예배하라.
· 절대자 ·

너의 죄들을 감사히 여기라.
그 죄들은 은총의 운반자다.
· 기쁜 소식 ·

그분은 내 안에서
무엇을 보시기에
내 죄 많음을 아시면서도
"너는 내 마음에 소중하다"고
말씀하실까?
· 어둠 ·

274..샘

황금빛 어제에게
작별 인사를 하라 —
그렇지 않으면
너의 마음은 결코
현재를 사랑하기를 배우지 못하리라.

· 절대자 ·

너의 불리한 조건들이
네게 가져다준 축복을 헤아려 보라 —
그러면 그 아름다움을 보게 되리라.

· 깨달음 ·

네가 하느님께 해 드린 그만큼을 네게 해 준 사람에게
너는 얼마나 고마워 하겠느냐!

· 기쁜 소식 ·

아직도 두려워한다면 기쁜 소식을 듣지 못한 것이다.

· 혁명 ·

고독은 너와 내가 따로 있다는 환상을 깨뜨린다.

· 재결합 ·

나는 구세주를 죽인 그 사람보다 별로 나을 것이 없다.

· 어둠 ·

너의 가슴속에서 동굴을 찾으라 —
그러면 모든 것을 찾으리라.
· 중심 ·

네가 희생물이 된 그 범행에 대해서 너는 책임이 있다.
· 구원 ·

나는 보배다.
언젠가 어디선가 누군가가 나를 발견했다.
· 발견 ·

나는 해, 달, 저녁 별이
그분께서 내게 말씀하시는 언어들임을 알지 못했고
그래서 그들의 노래를,
그들의 외침을,
그들의 우주적 침묵을
들어 본 적이 없다.
· 성서 ·

네 가슴속 노래에 귀를 기울이라.
· 아침 ·

하느님께서는 내가 삶을 단 한 시간도
— 또는 너를 단 한 시간도 —

누릴 자격이 없다는 것을 아신다.
· 거지 ·

너의 죄를 감사히 여길 때 너의 참회는 절정에 이른다.
· 구원 ·

죽어 갈 때 너의 마음이 무슨 노래를 부르길 원하느냐?
· 샘 ·

궁극의 힘은 무력함을 편안히 여기는 것이다.
· 왕 ·

붙잡고자 하되 매달리지는 말라.
즐기되 소유하지는 말라.
· 방랑자 ·

고독은 웃음이라는 선물을 소생시킨다.
· 코미디 ·

행위는 선하거나 악할 수 있다. 사람은 선하기만 하다.
· 교육 ·

고독은 나 자신에 대한 사랑이요 친절이다.
· 신기루 ·

그분을 주님이라고 부르는 것이
너에게 무엇을 의미하는지
그분께 말씀드려라.

· 인식 ·

공포로 다루는 신은 폭한이다.
그 앞에 무릎을 꿇는 것은 열성 신자가 아니라
겁쟁이가 되는 것이다.

· 왕 ·

과감히 현실을 직시하며 네가 매달리는 모든 것에게 말하라:
"이것도 지나갈 것이다"

· 강 ·

자연은 나 자신의 연장, 나의 더 넓은 몸이다.

· 자아 ·

너의 심장의 고동의 리듬에 맞추어
삼라만상의 고동을 느끼라.

· 말씀 ·

하느님께 대한 너의 사랑은
하느님께 화를 낼 수 있을 정도로 든든하냐?

· 만남 ·

새로 태어나길 추구하면서 ─ 낯선 것을 피하느냐?
· 방랑자 ·

그 누가 너한테 사랑하는 법을 가르쳤다고
이수증을 요구할 수 있을까?
예수 그리스도인들 그러실 수 있을까?
· 주님 ·

승리는 홀로 있을 용기가 있는 자에게 주어진다.
· 사막 ·

그분께서 우정 속에서 너에게 보여 주신 계시를 꼽아 보라.
· 인식 ·

어둠은 불꽃의 타오르는 아름다움을 보여 준다.
죽음에 대한 생각은 삶의 연약한 사랑스러움을 드러내 준다.
· 심포니 ·

눈먼 사람들은 시력이 있었을 때 놓치고 못 본 것들을 본다.
· 발견 ·

너의 신은 알고 계신가? ─
사랑을 결코 시기하지 않는다는 것을(1고린 13장)
· 만남 ·

역사상 최악의 폭행은 선의에서 수행되었다.

· 어둠 ·

사랑이 무조건이라면 어찌 주님을 두려워하랴?

· 만남 ·

고독 속에서
나는 피조물을 보는 — 사랑하는 —
깊이를 지닌다.

· 재결합 ·

다른 장소들과 다른 사람들이 나를 부르고 있다 —
나는 가야 한다.

· 탐험 ·

지난날의 사랑과 꿈과 두려움 중
얼마나 많은 것들이
오늘도 너를 지배하고 있는가?

· 강 ·

나의 자세 외에는 바뀐 것이 없다 —
따라서 모든 것이 바뀌었다.

· 깨달음 ·

예수 그리스도 안에서 너의 안식을 발견한다면
다시는 한순간의 안일도 알지 못하게 되리라.
· 제의 ·

네가 만든 하느님의 이미지를 의심하라 ─
그것이 흠숭보다 더 그분을 기쁘게 하실 것이다.
· 만남 ·

너의 모욕이 내게 은총을 가져다준 것을 알게 될 때
원망은 감사로 바뀐다.
· 구원 ·

너 자신을 바라보기를 회피하라 ─
그러면 현실을 회피하기에 성공하리라.
· 사막 ·

네가 유구히 흐르는 곁에 나는 앉아서
바라보고 감탄한다.
· 개울 ·

사랑은 잘못을 기억하지 않는다(1고린 13장).
그리고 하느님은 사랑이시다.
· 기쁜 소식 ·

고독 속에서 너는 너 자신을 돌려받는다.

· 샘 ·

하느님을 볼 수는 없다.
알아볼 수 있다.

· 낯선 이 ·

용기 있게 죽으려 할 때마다 너는 활기를 띠게 된다.
가게 하라, 계속 움직여라, 만사에 작별 인사를 하라.

· 탐험 ·

삶은 도박꾼을 위한 것이다.

· 노출 ·

그 목소리가 나를 무엇에로 부르는지는 몰라도
그것을 알아는 본다.

· 모험 ·

어느 인간도 정말로 문제가 되는 데서는
너에게 손을 미칠 수가 없다.

· 사막 ·

너는 침묵 속에서 다시 온전하게 되었다.

· 샘 ·

평화는 "예" 안에서만 찾아진다.

· 승복 ·

너는 이른바 자아라는 소음에 의해서,

너 자신에게서 그리고 현실로부터 단절되어 있다.

자아가 사라질 때 너는 다시 온전하게 되고 ─ 고요해진다.

· 샘 ·

우리가 따로 서 있다 …

다만 생명의 흐름에 흡수되어 떠내려가기 위해서.

· 비 ·

너의 손과 발을 못 박으라고,

너의 가슴을 찔러 피나게 하라고 기꺼이 내줄 수 있을 때,

너는 드디어 생명과 해방의 맛을 알게 될 것이다.

· 왕 ·

나는 사랑하기를 두려워한다 ─

그래서 혼자 있기를 두려워한다.

· 재결합 ·

내 몸은 그분의 타오르는 불길을 느낀다 ─

그리고 부드러운 손놀림을.

· 손길 ·

삶의 본질을 관조하라 —
춤에서 먼지까지
또 춤까지.
· 심포니 ·

나는 그분의 사랑과 싸우던 때들을 기억하며 감회에 젖는다.
그러나 헛일이었지 —
사랑은 저항할 수 없는 것이기에.
· 위성 ·

아무도 감사하게 여기면서 불행할 수는 없다.
· 비밀 ·

너의 중심은 우주의 중심이다.
· 핵심 ·

와서, 내 눈을 빌려 너 자신의 창조물을 보라.
그리고 내 귀를 빌려 네가 작곡한 멜로디를 들어라.
· 심포니 ·

자신은 외고집쟁이와 테러리스트와 바리사이들의 죄다.
연민은 우리가 틀렸을지도 모른다고 생각하게 만든다.
· 어둠 ·

내가 말하는 모든 단어에서,
내가 행하는 모든 행동에서,
하느님께서 인류 역사에 개입하신다.

· 성서 ·

기쁜 소식에 귀를 기울여라:
하느님은 불공평하시다 ─
착한 사람에게나 나쁜 사람에게나 똑같이 해를 비춰 주신다.

· 혁명 ·

집으로 돌아오라 ─ 그러면 자신이 곧 고요해질 것이고
하느님이 보이게 될 것이다.

· 돌아옴 ·

네가 변화하기를 멈추는 그날에 너는 살기를 멈출 것이다.

· 노출 ·

바다는 불순물을 흡수하고도 오염되지 않은 채로 있다.

· 대양 ·

나는 그분 앞에 말없이 서 있다 ─
이해하지 못한 채 어안이 벙벙해서.

· 무아경 ·

메시아는 아직도 주위에 계시다.
너는 언제 그분을 마지막으로 뵈었느냐?
· 낯선 이 ·

자연 속에 있는 너의 뿌리 속으로 내려가라 ―
그러면 너 자신을 찾게 될 것이다.
· 샘 ·

고독은 실재를 회복시킨다.
· 휴가 ·

예수 그리스도께서 존재하시지 않는다면
너는 뭔가 다를까?
· 주님 ·

너는 네가 감사히 여기는 모든 것을 거룩하게 한다.
· 대림절 ·

두 팔을 벌리고 미래를 환영하라.
가장 좋은 것은 아직 오지 않았다.
· 탐험 ·

피어나는 모든 꽃을 위해서 수많은 씨앗들이 죽어야 한다.
· 하늘나라 ·

자연은 퍽도 연약하고 불안전하고 죽음에 노출되어 있건만 —
퍽도 생기 있다.

· 노출 ·

아무것도 체념하지 말라.
아무것에도 매달리지 말라.

· 방랑자 ·

자연의 노래는 얼마나 풍요하며
자연의 침묵은 얼마나 심오한가!

· 아침 ·

불꽃의 무언의 지혜에 귀를 기울이라.

· 불꽃 ·

나는 우주의 햇빛 속에 춤추는
헤아릴 수 없이 많은 먼지 입자 중의 하나다.

· 심장 ·

의식이라는 햇빛을 견디어 낼 수 있는 악은 없다.

· 낮 ·

알력은 결합에 이르는 지름길이다.

· 만남 ·

묘목 · · 287

신비주의는 만사에 대해 느끼는 고마움이다.
· 깨달음 ·

그냥 바라보라 —
그러면 어느 날 보이리라.
· 물 ·

침묵에 이르게 되면 이 책은 적이 될 것이다.
치워 버려라.